13歳からの「くにまもり」

倉山 満
Mitsuru Kurayama

目次

第四章　たかが経済、されど経済、まずは経済

はじめに ― 知識よりも志

これから日本は、どうなるのだろう。ぼんやりとした不安を抱いている人は、多いと思います。

本書は、「日本を守りたい！」と、強い気持ちを抱いている人のために書きました。もし、「今の自分には何の力も無い」と思っていても構いません。おそらく、そんな力は誰にもありません。私は「これをやれば日本は滅びない」とか、「これが正解だ。言うことを聞いて、その通りにすればバラ色の未来が待っている」などと甘い言葉を撒き散らすつもりはありません。私は本気で日本を守りたいと思っているので、皆さんと一緒に考えたいのです。日本を守る方法を。

本書には、余計なことは書いていません。私が「日本を守るために必要なことだ」と信じていることだけを書き記しました。いわば、「日本を守るためには、これくらいは知っておきたいこと」です。別に物知りじゃなくて良いのです。「大事なことだけ漏らさず知っておこう」、その心構えが大事ですから。そして、そんなに難しいことは書いていません。十三歳の子供ならばわかるように書きました。

だから、本書を読むのに特別な知識は必要ありません。ただし、志だけは持っていてください。「自分が日本を守る責任者ならば、何をするか。そして、何を知っておかなければならないか」と。つまり、自分が総理大臣になったつもりで考えてほしいのです。

こうした考え方は、決して突飛なことではありません。アメリカでは小学校の時から、「自分が大統領になったらどうするか」を考えるリーダー教育をしていると聞きます。国によっては、「自分が王様になった時、何をするかを考えろ」という教育もしています。

そして約百五十年前の我が国でも、「自分が将軍だったら、今の日本をどうやって守るかを考えるつもりで勉強しろ」と教えていた塾がありました。吉田松陰という人が開いた松下村塾です。松陰は、身分が低い武士や足軽の子供に向かって、「自分が将軍だったら、今の日本をどうやって守るかを考えるつもりで勉強しろ」と本気で教えていました。そして、松陰の教え子たちは、その将軍を倒し、外国の侵略を打ち破りました。その時、本気で勉強していた名もなき若者の一人が、伊藤博文です。伊藤は元老という総理大臣より偉い地位にまで登り、見事に日本を守り抜きました。明治維新です。

総理大臣、大統領、王様、将軍、元老…。名前は違いますが、意味は同じです。トップです。この場合のトップとは、誰も頼れない立場のことです。自分がすべての責任を負わなければならない、逃げ出せない立場でもあります。こういうリーダーの中のリーダーが学ぶ勉強を、昔は「帝王学」と呼びました。松陰先生が伊藤らに教えていた学問こそ、「帝王学」です。本来ならば何の責任もない庶民が、本気で「日本を守りたい」と思い、生きた勉強をしたのです。

吉田松陰や伊藤博文が生きた時代、日本が生き残れる可能性は何%だったでしょうか。おそらく、一%も無かったでしょう。周りを大国に囲まれていました。軍事力も、経済力も、科学力も、すべてにおいて日本より力が強くて頭がいい大国に狙われていました。しかし松陰や伊藤は、絶体絶命の時から本気で勉強し、行動し、そして日本を救ったのです。

身はたとひ　武蔵の野辺に　朽ちぬとも　留め置かまし　大和魂

松陰は時の政府に逆らった罪で、処刑されました。二十九歳です。しかし、松陰の志は伊藤らに継がれました。松陰は自分が死んでも、自分の志を継いでくれる若者がいるなら、日本は救われると信じていたのです。

松陰の座右の銘は、「飛耳長目《ひじちょうもく》」でした。「世の中のことをしっかり知ろう」という意味です。

御世代わりの年に、飛耳長目の本を捧げます。

倉山　満

第一章　人殺しに囲まれた国、日本

第一節　「人を殺してはならない」という日本人の価値観

聖徳太子が十七条憲法を六〇四年に作った。日本人だと歴史の授業で習って、「あ、そう」で終わります。しかし、あるヨーロッパ人に伝えると即座に、「そんなはずはない。一六〇四年に〝人と仲良くしましょう〟なんて憲法が存在するはずがない。早すぎだ！」と驚きの声が返ってきました。

私の返事は「いえいえ。一六〇四年ではありません。六〇四年です。最初の〝一〟は、いりません。日本は西暦の七世紀から、他人と仲良くしなさいという価値観が通じる国なんです。ましてや、人を殺してはならない国なんです」と教えてあげると、さらに驚いていました。

人を殺してはいけません。

なぜでしょうか？　理由があれば殺してもいいのでしょうか？

誰もが思う疑問でありながら、意外とちゃんと答えられる大人はいないと思います。

では、図書館で本を探せば、答えが書いてある本が見つかるのでしょうか。見つかりません。あるいは、インターネットで検索すれば答えがわかるのでしょうか。やはり、わからないでしょう。

調べても答えが出てこないことを考えること、それが学問です。哲学とも言います。

そうは言っても、手掛かりは欲しいものです。最近はインターネットで調べ物をしていると、「予測検索機能」という便利なものがあります。入力された単語に関連して、よく検索される言葉を追加して表示する機能です。この機能によれば、「人を殺してはいけない」と入力すると、「理由」「法律」「なぜ」「倫理学」「哲学」といった言葉が出てきます。中には弁護士さんによる回答もあります。ただ、どれが本当のことなのか、わからないでしょう。もしかしたら、人を殺してはならない理由なんて、無いのかもしれません。

でも読者の皆さんは「人を殺してもいいんだ！」と言われると、「違うでしょ！」と思うでしょう。本能的に。自分が殺されたくないから、殺してはいけない？　では、自分が絶対に殺されないとわかったら、殺してもいい？　そんなはずがありません。学校で、放課後のクラブ活動で、塾で、そして家庭で。大人になれば職場で。人は、人と関わり合って生きていきます。その中には、どうしても仲良くなれない人、嫌いな人もいます。人間とはそういうものです。そして、社会の中で生きていると、一生に何回かは「殺したいほど憎い相手」に出会うものです。しかし、たいていの人は本当に人を殺したりしませんし、社会には「人を殺してはならない」という掟（ルール）が存在します。この掟（ルール）を破れば、法律によって罰せられます。時には、「死刑」という罰もあります。人を殺すと自分も殺されるかもしれません。そう思うと、たいていの人は人を殺しません。でも、死刑も人を殺すことには違いありません。それは、いいのでしょうか。

いったい、人を殺してはいけない、絶対の理由って何なのでしょう？

私は理屈で考えても答えが出ない時、歴史を調べます。人は、どうやって生きてきたのだろう？　その積み重ねの記録が歴史です。とは言っても、いきなり全人類の歴史を調べて、「だから人を殺してはいけない」という理由を見つけるのは大変なので、自分の国の歴史、日本のことを調べてみましょう。

最も古い記録は、我が国の正史（正式の歴史書）である『日本書紀』に出てきます。『日本書紀』は我が国最古の正史ですが、そこに「十七条憲法」が載っています。推古天皇十二（六〇四）年四月、聖徳太子が作りました。第一条の書き出しが「和を以て貴しと為す」です。「仲良くせよ」です。仲良くしなければならないのだから、当然のこととして人を殺してはいけません。

歴史を調べたら、「聖徳太子が命令したから」という理由にたどり着きました。「じゃあ、聖徳太子はこの世にいないし、守らなくていいや」と考えたらどうでしょう。あるいは、「宗教が違いますから、聖徳太子には従えません」という理屈を言う人もいるかもしれません。聖徳太子は仏教の擁護者でしたから、他の宗教の人には関係ないという理屈をひねり出せるかもしれません。確かに、キリスト教やイスラム教の信者の人達と、聖徳太子は関係ないでしょう。

ここで横道にそれます。聖徳太子憲法は十七条ではなく、実は八十五条だったという説を御存知でしょうか。

その説を唱えた研究者の一人が、三波春夫さんです。三波さんには、『聖徳太子憲法は生きている』（小学館文庫、一九九八年）という御著書があります。

若い人は知らないかもしれませんが、ご年配の方にはおなじみの、日本を代表する歌手だった方です。口癖が、「お客様は神様です」でした。昭和四十五（一九七〇）年に大阪で開催された日本万国博覧会のテーマソング「世界の国からこんにちは」を歌い、ミリオンセラーとなっています。

その一方で、三波さんは歌を作るための調査・研究が高じて、古文書の研究者としても知られています。

三波さんによれば、聖徳太子が作った憲法は、官吏・政治家・神主・僧侶・儒学者のそれぞれに対して各十七条の条文があり、全部で八十五条になるそうです。歴史の教科書で習う十七条憲法は「通蒙憲法」と呼ばれ、官吏に向けて書かれたものだとか。三波さんが研究した古文書は偽書とされているのですが、そのすべてが嘘とも言い切れないことから、三波さんの説は一定の説得力を持ちます。たとえば今に伝わる十七条憲法は、第二条が「仏教を敬え」で、天皇は第三条で後回しです。本当に最初から十七条なら、なぜこんな変な順番になるのか。五種類の十七条憲法が混在するうちに、いつのまにか順番が入れ替わったと考えた方が確かに自然です。

ちなみに聖徳太子は、仏教だけでなく、神道や儒学も保護しました。日本には西洋のような深刻な宗教戦争はありません。聖徳太子が「仲良くせよ。ましてや、殺し合いなど許さない」と命じ、皆が従ったからです。

では日本では、聖徳太子がヨーイドンとばかりに、「これからは人を殺してはならない」と決めたから、日本は人を殺してはならない国になったのでしょうか。

違います。

それまでの日本で、「人と仲良くしなければならない。ましてや人を殺してはならない」という価値観が定着していたから、十七条憲法がすんなり受け入れられたのです。日本は聖徳太子の前も後も、「人を殺してはならない」という価値観、少なくとも建前が通じる国なのです。

古今東西、残虐な独裁者の話には事欠きません。独裁者には色んな名前があって、「国王」「皇帝」「大統領」「総書記」などなどです。日本でも、第二十五代武烈天皇のような、残虐な王様も登場します。武烈天皇は、戯れに人を殺したとか、面白半分に妊婦の腹を割いてみたとか、悪事の限りを尽くした天皇として伝わります。

武烈天皇は聖徳太子より約百年前の人として伝わりますが、本当のことはよくわかりません。ただ、「人を殺してはいけない」という価値観が存在し、聖徳太子の時代に「和を以て貴しとなす」との建前として成立したのは間違いありません。

同じころの中国大陸や朝鮮半島にも「人を殺すような王様はよくない」という価値観は存在しますが、実質は伴いません。一方で、海を隔てた日本列島では、たとえ天皇であっても、暴虐を働けば許されないという先例が積み重ねられてきました。

たとえば、九世紀後半の平安時代前期に在位した第五十七代陽成天皇です。陽成天皇は、宮中で自身の侍従を務める乳兄弟、源益《みなもとのまさる》を撲殺したとされます。源益は、第五十二代嵯峨天皇の曾孫にあたる貴族です。この事件を契機に、陽成天皇は退位させられます。事実上の軟禁生活のようなものでした。この時代は死刑がありませんから、無期禁固が最高刑です。今から千年前、平安時代の日本では、「人を殺したら天皇だって最高刑」という掟が現実に成立していたのです。

こうした話をヨーロッパ人が聞くと、驚愕するのです。ヨーロッパの王様が、貴族を殺したなんて珍しくも何ともありませんから。

一八〇〇年代のヨーロッパで、貴族が自分の側近や領民を殺したとしましょう。どこからも抗議はきません。領民は家畜と同じで、支配者の持ち物だからなのです。

アメリカなんて「自由だ、平等だ、人権だ」と言っても、一九六〇年代まで、黒人に対する暴力が許されていました。たった六十年前です。

だから、ヨーロッパ人に「我が国は六〇四年から、人を殺してはいけない国だったのですよ」と教えてあげると、とても驚かれます。「えっ！　一六〇四年なんて、早すぎない？」と返って来る理由が、おわかりでしょうか。日本で一六〇四年というと、徳川家康が天下を統一して戦乱の世の中から二百六十年にわたる天下泰平の時代へ移り始めています。

一方のヨーロッパでは、これから三十年戦争が起こる時代です。三十年戦争は、一六一八年から一六四八年まで続いた、ヨーロッパ史上最後にして最大の宗教戦争です。同じキリスト教のカトリックとプロテスタントが、東はポーランドから西はブリテン島までの広い範囲で殺し合いを繰り広げました。ドイツ地方では、戦場となった地域では人口の三〇%が失われたと伝わります。「心の中で違うことを考えているかも知れない」という理由での殺し合いが、みんなが疲れ果てるまで続きました。三十年戦争が終わって、ようやく「心の中で違うことを考えているかも知れない人を殺さなくていいじゃない？」という声が上げられるようになりました。それまでは「心の中で違うことを考えているかも知れない人を殺さなければならない」だったのです。欧米で「人を殺してはならない」という価値観が多数派になるのには、まだまだ時間がかかるのです。

現代の世界では、「人を殺してはならない」という価値観は多数派です。しかし、たかだか最近二百年の新しい価値観なのです。日本人が当たり前と思っている「人を殺してはならない」という価値観は、長らく少数派だったのです。

我々日本人の、誇っていい文化だと思いませんか？

第二節　「人を殺してはならない」という価値観が通じない人たち

日本でも戦乱はありました。戦争の時に人を殺さない訳にはいきません。自分が殺されるからです。

戦争は決して無くなりません。「戦争」という名前を無くし、「紛争」「動乱」「事変」「戦役」などと言い換えても、平和ではない状態はやってきます。そして、すべての戦いで、一方だけに原因があるなんてことはありえません。双方に言い分があって、戦いが始まります。いざ戦いが始まると、殺し合いです。戦い、相手を殺さねば、自分や愛する人が殺されます。そういう理由があって人を殺すのと、平和な時に犯す殺人は、まったく意味が違います。

現代の文明国（＝マトモな国）では、殺人は犯罪です。どんな偉い人でも、人を殺したら殺人罪で裁かれます。しかし地球上には、「俺は権力を持っている特別な人間なんだから、ムカツク人間を殺しても、刑務所なんかに行く必要はない」がまかり通る国があります。

日本と周辺諸国を見てみましょう。

まず、日本です。令和元年八月現在、史上三番目の在任期間となっている安倍晋三首相ほど反対派から嫌われた首相もいないでしょう。攻撃する人は「アベ！」と呼び捨てですし、「アベ政治NO！」とか「I am not Abe」とか、散々な個人攻撃を受けました。しかし、どんなに安倍首相に批判的な人だって、安倍首相が人殺しをすると本気で信じている人はいないでしょう。

安倍首相に限らず、日本の首相が人殺しをする訳がありません。何を当たり前のことを？

日本人なら間違いなく、そう言うでしょう。では、日本人の当たり前は、世界の当たり前なのでしょうか。

日本の周辺諸国で最も密接な国は、アメリカ合衆国です。太平洋を挟んだ隣国です。この国は、歴史上、最も多くの日本人を殺した国です。昭和二十（一九四五）年当時、日本はアメリカと戦争をしていました。八月初旬、広島と長崎に原子爆弾が投下され、約三十万人の方が殺されました。各地の戦線や沖縄では激しい戦闘となり、日本の主要な都市への大規模空襲により、将兵だけでなく民間人にも多くの死者が出ました。第二次世界大戦が終結した一九四五年以降も、アメリカは「世界の警察」を標榜し、世界中の紛争に介入しています。言わば、人を殺し続けています。

しかしアメリカは、平和な時から人を殺している訳ではありません。政府が根拠もなく個人の権利を侵害することには、非常に敏感な国です。今のドナルド・トランプ大統領は発言が過激だとか、問題がある人物だと言われていますが、「人を殺してはいけないよね」と言えば「そんなの当たり前だろう」と答えるでしょう。トランプに限らず、アメリカは「人を殺してはいけない」という価値観の通じる国です。

では、日本から見て、アメリカと逆側の隣を見てみましょう。

北にはロシアがあります。ウラジーミル・プーチン大統領といえば、自身に反対する政治家やジャーナリストが次々と不審死を遂げています。最近の話では、イギリスに亡命したロシアの元情報将校のアレクサンドル・リトビネンコがロンドンで死亡し、英国ＢＢＣ放送が放射性物質による毒殺だと報じて、日本でもよく知られています。

プーチンに「人を殺してはいけませんよね」と聞けば、口で何を言うか知りませんが、本音では「なぜ？」という答えになるでしょう。

では、中国はどうでしょうか。現在の中華人民共和国は、習近平国家主席が最高指導者です。反体制派の人たちが不審死を遂げているどころか、民族浄化が現在も進行中です。

民族浄化とは、特定の民族や宗派を根絶やしにすることです。大量殺戮や追放、その土地に根付いた信仰の冒瀆、記念碑の破壊など、人の集団を文化や歴史ごと消滅させることです。

一九四九年から始まったチベットの民族浄化は、指導層にあたる僧侶の逮捕や投獄、寺院の破壊、漢民族の政策的移入などによりチベット人が少数派となり、現在ではほとんど目的を完遂されている状況です。二〇一四年には、自治区政府が「異民族間結婚政策」による混血を推進すると発表しています。「チベット人どうしの結婚をやめていく」との意味です。この自治区政府の「自治」とは名ばかりで、中国共産党の言いなりです。その自治政府が「チベット人と異民族との結婚を推進する」とは、純粋なチベット人をいずれ「消す」ことになります。すなわち、「純粋なチベット人を根絶やしにする」と宣言しているのです。

チベットでの民族浄化がほぼ総仕上げの段階なら、その隣の新疆ウイグルは、まさに現在進行形で行われているところです。

習近平に「人を殺してはいけないよね」と聞けば、「自分が殺される可能性があるときはやらない」という返事になるでしょう。ロシアは独裁のしやすい国ですが、中国の場合は裏切りの応酬が日常です。主席だって常に狙われる立場なので、「殺してはいけない」かどうかは、人間関係のバランスによるという価値観です。

さらに、日本海を挟んだ向かい側に、北朝鮮というところがあります。金一族の世襲による独裁政治でよく知られています。二〇一九年現在、三代目の金正恩が権力の頂点です。先代の後を継いで間もない二〇一三年には、後見役と目されていた叔父の張成沢を死刑にしています。二〇一七年には異母兄の金正男が、北朝鮮の工作員によってマレーシアで殺害されました。特権階級がこの扱いです。

ここまで、アメリカ、ロシア、中国、北朝鮮を挙げました。さて、ワシントンD.C.、モスクワ、北京、平壌。この四つの国の首都を行きたくない順に並べてください。間違いなく一番行きたくない場所が平壌でしょう。平壌は、外国人が自由に立ち入ることができませんから論外です。モスクワや北京は、いきなり捕まって帰ることができなくなる可能性はあります。現実に、平成二十二(二〇一〇)年九月、日中両政府の合意による事業のため訪中していた民間企業の社員が、いきなり拘束されました。ロシアでは、「国境なき記者団」の記録によれば、二〇一八年にジャーナリストの失踪事件が起きています。

モスクワや北京も、無事に生きて帰れるかどうか怪しいですが、平壌の危なさは断トツです。

逆に、外国人の旅行や滞在の安全が圧倒的に保障されている場所はワシントンD.C.です。ここだけは、その国の国家元首の悪口を言っても、無事に生きて帰れます。

報道関係者に対する拘束では、最近は韓国でも事例がありました。平成二十六（二〇一四）年八月、産経新聞社の公式ウェブサイトに掲載されたコラムの内容を理由に、ソウル支局長が韓国の検察に起訴され、長期間の出国禁止という拘束を受けています。殺されはしませんでしたが、今の韓国は自由や身体の安全は保障されない国だと自ら白状してしまいました。韓国は今のところは「人を殺してはいけない」という価値観が通じますが、今後はわかりません。

日本の周囲には、日本で当たり前だと考えられている価値観が通じない、危ない国が三・五か国あるのです。韓国は、最近は怪しいので、〇・五です。

第三節　軍隊の強さをどうやって測る？

日本の周りの「人を殺してはならない」という価値観が通じない国々、ロシア、中国、北朝鮮には、共通点があります。核ミサイルを持っていることです。では、核兵器を持っている、「人を殺してはいけない」という価値観の通じない三つの国は、なぜ日本に攻めて来ないのでしょうか。

日本には、日本国憲法第九条によって、日本が平和主義の国だと掲げているから、彼らは攻めて来ないのだと主張する人々もいます。本当でしょうか？

もし、夜中に強盗しかいない場所で、何の武器も持たずに歩けばどうなるでしょうか。強盗が「こいつは武器を持っていないから」と襲うのをやめるなど、ありえません。

国際社会の常識は、強い力を持っているぞ、と「見せる」ことによって、よその国に攻められることを防ぐようになっています。その力のひとつが核兵器であったり、軍隊であったりするのです。

日本は憲法の条文で平和主義を定めているにもかかわらず、自衛隊という「誰がどう見ても軍隊」の存在があります。では、中露北の三か国が攻めてこないのは、自衛隊が強いからなのでしょうか。

少し、詳しく考えてみます。

軍隊の力が強いか弱いか、つまり軍事力の強さを測るには、二つの物差しがあります。ひとつはDestructive Power（破壊力）、もうひとつはOccupational Power（占有力）です。

Destructive Powerは文字通り、持っている武器の強さや兵器の数、それらの運用による物理的な破壊力のことです。

たとえば、アメリカ軍です。「世界の警察」とも呼ばれるアメリカ軍は、映画やドラマのイメージも手伝って、普通の人の目にはとても強く見えます。アメリカは、他国と比べてDestructive Powerが圧倒的です。核兵器はもちろんのこと、ハイテク兵器、航空機、空母などの艦船や強力な大砲をたくさん持っています。核兵器を除いた戦力を通常戦力と呼びますが、世界中の軍隊が束になっても、アメリカ一国の通常戦力に敵わないのではないかと言われるぐらいです。

ところが、アメリカはOccupational Powerが、意外と弱いのです。

戦争は、相手があって成立します。戦争とは、話し合いで解決しない時の殴り合いです。十九世紀初期、ナポレオン戦争をやっていた頃のヨーロッパで、プロイセンの軍人だったカール・フォン・クラウゼヴィッツは、主著『戦争論』の冒頭で「およそ戦争は拡大された決闘にほかならない」(『戦争論（上）』篠田英雄訳、岩波文庫、二〇一四年）と書いています。

戦争の目的は、自分の意思を相手に強要することです。相手の意思を挫くためには、

Destructive Powerが必要です。そして戦争は、相手の土地を占領した時に決着が付きます。相手の土地を占領する力をOccupational Power（占有力）といいます。

アメリカは第二次世界大戦を最後に、相手国の占領に成功したことは、ほとんどありません。二〇〇一年以降のアフガニスタン紛争では、首都カブールを占領し暫定政権を成立させましたが、その後は延々とテロが続いています。二〇〇三年のイラク戦争後も同様です。バクダッドは制圧しましたが、同じく延々とテロが続いています。それどころか、中東全体に紛争が拡大してしまいました。このため、現在でもアメリカのトランプ政権は、派兵を増強するか撤退するかで困っています。

アメリカのOccupational Powerは、他国との比較では決して弱いわけではありません。Destructive Powerの圧倒的な強さに対して、Occupational Powerがあまりに弱いという、極端な偏りがあるのです。

大きな原因のひとつは、ひとたび事が起これば愛国心で結束するアメリカ国民でも、他国への派兵で戦死者が出ることには敏感だからです。その顕著な例が、一九九〇年代、当時のビル・クリントン大統領時代です。きっかけは、ソマリアへの派兵でアメリカ軍に戦死者が出たことです。

ソマリアは、アフリカ大陸の東岸、ちょうどツノが飛び出たような形のところに位置する国です。一九九一年からの内戦で、数十万人の餓死者を出し、数百万人もの人々が難民となっていました。

一九九三年、アメリカ軍は武装勢力の首魁を逮捕するため、ソマリアの首都・モガディシュの制圧に向かったところ、現地民兵の激しい抵抗に遭います。特殊部隊を乗せたヘリコプターが撃墜され、市街戦で十九人のアメリカ兵が戦死しました。映画『ブラックホーク・ダウン』の元になった戦闘で、「モガディシュの戦い」とも呼ばれています。

この時の市街戦は、民間人を含め千人が死亡したといわれる激戦でしたが、アメリカにとっては十九人の戦死者を出した方が重大な悲劇だったのです。世論の批判も強く、翌一九九四年にクリントン大統領はソマリアからの撤退を決めました。これがきっかけとなり、クリントン大統領は任期を通じて、世界中のあちこちで空爆はしましたが、一度も地上軍の派遣を認めませんでした。

一九九〇年代は、一九九一年のソ連崩壊以降、冷戦終結を受けた世界の力関係の変化によって、各地で民族紛争が多発します。アメリカも様々な紛争に関わっていますが、ユーゴスラビア、ケニア、スーダン、アフガニスタンなど、いずれもアメリカは延々と空爆をするだけでした。

空爆すれば、相手側を殺す数は増えます。また、民間人にも大きな被害が出ます。しかし、肝心の武装勢力は、空爆されている間は地下に潜り、終わればば出てくるという状態になります。「紛争を止めて秩序を回復する」という意思の強要には、相手の土地を占有して言うことを聞かせなければならないのですが、味方側に死者が出ないことを優先するので、最初から地上軍を出す気がない、つまり勝つ気がないのです。

クリントンの次の大統領、ジョージ・ブッシュの任期中には、地上軍を繰り出しても、上手くいかないという事態となりました。

二〇〇一年九月十一日、アメリカは同時多発テロに見舞われます。ハイジャックされた航空機がニューヨークのワールドトレードセンターや、ワシントンにある国防総省の本庁舎に突っ込み、多数の被害者が出ました。

同時多発テロ事件を受けて、ブッシュは議会と世論の高い支持のもと、「テロとの戦い」を宣言してアフガニスタンに侵攻します。同時多発テロ事件の首謀者を国際テロ組織アルカーイダと断定し、アルカーイダを支援したタリバン政権に対して、アメリカ・イギリス両国が「不朽の自由作戦」を展開しました。タリバン政権は二か月で崩壊します。この時は、日本を含む協力国の海上封鎖支援のもと、地上軍を降ろして掃討作戦を行い、暫定政府を作らせました。

アフガニスタン侵攻に続き、二〇〇三年三月にはイラク戦争が起こります。大量破壊兵器を保有しているという、国連決議違反の疑いです。この時も地上軍を降ろし、サダム・フセイン政権を崩壊させ、暫定政権を立ち上げさせます。

ところが、いずれも武装勢力が跳梁する状況に陥り、国内は安定していません。アフガニスタンでは、アメリカがイラク戦争で少し目を離した間に、潰したはずのタリバン勢力が復活しています。アメリカの軍事力には偏りがあり、自分が殺されたくないから大量破壊兵器を使いたがるのです。

それでもアメリカは、「人を殺してはならない」という価値観が通じる国です。戦争など、理由がない限り人を殺しません。国民を大事にしています。別の言い方をすれば、「命の値段が高い」のです。

一方、中国やロシアは、命の値段が安い国です。そして、核兵器を保有する大国です。しかも、大陸国なので地上軍もアメリカより大規模です。北朝鮮の実態はすべてが明らかになっているわけではありませんが、核実験に成功し、ミサイルの試射を頻繁に行っていることから、核兵器を持っていると考えると、破壊力において先に挙げた小国よりも軍事力は強いと言えます。また、北朝鮮の正規軍は公称百万人、このほかに特殊工作員がいるといわれています。そして、「人の命が安い」のです。国民は大事にされていませんから、権力者の気まぐれで殺されるのです。

さて、こうした状況で憲法九条の平和主義とやらが、何の関係があるでしょうか。

日本が攻め込まれずに済んでいるのは、圧倒的な破壊力を誇るアメリカ軍が日本に駐留しているからです。米軍がいる以上、他のどこの国も、日本に攻め込み占領することはできません。

日本国憲法ではなく、日米安保条約のおかげで、日本は中露北のアブナイ連中に攻め込まれないで済んでいるのです。

第四節　こんなに弱いぞ！自衛隊

では、自衛隊はどうでしょうか。最初に結論を言いますが、戦力外通告一歩手前です。「米軍の足手まといにならなければ一人前」という状態です。

アメリカ軍の例のようにDestructive PowerとOccupational Powerで強さを測る以前の

問題があります。これを物質面と非物質面で検討してみましょう。

自衛隊には陸海空の各隊があります。まず、各隊の物質面の現状です。

海上自衛隊は、アメリカ、イギリスに次ぐ世界第三位の海軍力を持っています。ただし、燃料がありません。

日米の国防政策に詳しい評論家の江崎道朗先生は、元自衛隊幹部の話として、有事に戦闘になった場合、護衛艦が戦い続けることのできる時間はせいぜい数十分だという現状を紹介しています。基地が攻撃されないという前提でも、もって一か月だといいます（江崎道朗『フリーダム　国家の命運を外国に委ねるな』展転社、二〇一九年）。それはそうと、本書の主題である「本気で日本を守りたい」と思っている読者の方は、江崎先生の本はすべて読みましょう。

さて、なぜ燃料が足りないのか。お金が無いからです。防衛にかける予算、防衛予算が絶対的に不足しているのです。

実際に、海上自衛隊の艦船はよく訓練されています。操艦技術は世界最高です。自動車の車庫入れで言えば、ミリ単位で操ることができるレベルです。アフガン紛争での「不朽の自由作戦」の時には、インド洋に派遣された洋上補給で海上自衛隊の技術は高い評価を受けました。洋上補給は、補給が完了するまで至近距離で他艦船と並走する必要があるからです。

しかし、感心ばかりしてもいられません。実弾訓練ができないという理由で、訓練が操艦訓練に偏っているからです。

日本の防衛は、島国で周囲が海なので上陸させなければいいという考え方です。直接的に戦闘に関係のある装備は最新技術を取り入れたものですから、艦隊同士の一騎打ちであれば、海上自衛隊はアメリカとイギリス以外には勝てる力があります。艦隊同士の一騎打ちを艦隊決戦といいます。ところが、艦隊決戦など一九〇五年を最後に、世界のどこでも起きていません。百十数年前の戦い方の基準で強さを誇っても、現実の有事には対応できないのです。敵は、こちらが望むような戦い方をしてくれないのですから。

次に航空自衛隊です。空軍に実力があるかどうかは、訓練時間で一目瞭然です。イギリスの国防戦略研究所が毎年発行している『ミリタリー・バランス』という報告書があります。世界各国の軍備を調査・分析したもので、専門家が参照する基礎資料です。

空軍は、飛行訓練時間が二百時間を切ると、戦力としては勘定に入らないと言われています。自衛隊もパイロットの技量維持のため、年間の最低飛行時間が定められていますが、およそ百六十時間ほどだと言われています。北朝鮮などは三十時間ほどだとされていますから、ほぼ有人ミサイルです。航空自衛隊と北朝鮮空軍が戦場で遭遇して「決闘」を行えば、鎧袖一触《がいしゅういっしょく》。モノの一分で自衛隊の完勝でしょう。しかし、これまたそんな自分にだけ都合が良い戦いを想像しても意味がありません。戦いで負ければ死ぬのです。自衛隊の武器と正面からぶつかったら負けるとわかっていたら、正面には来てくれません。

では、航空自衛隊が北朝鮮空軍より強いとして、他の国と比べてはどうでしょう？　年間飛行訓練時間が、合格最低点の二百時間より四十時間も少ないというのが気になります。

飛行訓練を行える時間数も、これまた予算次第です。燃料だけではなく、飛行すればするほど機体が損耗するため、維持整備の費用が必要になります。それでも、海上自衛隊と航空自衛隊は訓練費、燃料費、実弾の予算を確保すれば、まだ何とかなります。

問題が深刻なのは、陸上自衛隊です。

第二次世界大戦後の世界秩序は、一九九一年末のソ連崩壊まで、アメリカを中心とする自由主義国と、ソ連（ロシア）を中心とする共産主義国との対立関係を基礎として成り立っていました。

自由主義とは、「政治的自由、宗教的自由、経済的自由を保障する主義のこと」と言われても何のことかわからないでしょうから、簡単に言います。自由主義国とは、「人を殺してはならない」という価値観が通じる国のことです。

これに対して立ち向かったのが、共産主義国です。共産主義とは、「全世界の政府を暴力で転覆し、世界中の金持ちを皆殺しにすれば、全人類が幸せになれる」との主張です。こんな危ない思想が、地球の半分を覆っていました。ちなみに、中国や北朝鮮は今でも共産主義を掲げていますし、ロシアのプーチンもソ連時代を懐かしがっています。「あの頃は、ウチの国は世界の半分を支配していたのに…」と。

一九五〇（昭和二十五）年、アメリカは共産国と直接ぶつかりました。朝鮮戦争です。アメリカ率いる国連軍が韓国を応援し、中国が北朝鮮を助けたのです。最後は他の国をそっちのけでアメリカと中国が殴り合いを続けました。結果、今の国境で落ち着きました。朝鮮半島の北緯三十八度線を境に、南は韓国、北は北朝鮮、と国境を決めたのです。アメリカは世界の半分を味方につけて、ソ連の一の子分だった中国を相手に引き分けです。

朝鮮半島で押し合いへし合いを続けていたアメリカ軍は、日本を基地にしていました。「憲法九条平和主義とか訳のわからないことを言ってないで、日本も戦争を手伝え！」と、アメリカは再軍備を命令してきました。その憲法を押し付けてきたのはどこの誰だ、と言いたいですが、当時の日本は敗戦国でアメリカに占領されていますから、文句は言えません。

結果、警察予備隊から保安隊を経て、軍隊のような組織が創設されました。今に至る自衛隊です。「軍隊のような」というのは、日本国憲法第九条で「戦力」、つまり軍隊を持ってはいけないことになっているので、歴代総理大臣は「自衛隊は軍隊ではない！」と言い張ってきて今に至るのです。だから、自衛隊は「軍隊のようなもの」なのです。

じゃあ法律の問題だけで、自衛隊は本当は軍隊なのか？　違います。既に自衛隊の慢性的な訓練不足、燃料不足の話に触れたように、実力も足りていません。なぜそうなるかと言うと、朝鮮戦争の時の歴史にまでさかのぼります。

朝鮮戦争が起こった当時、日本は敗戦で衣食住が足りていません。とても、軍隊なんて持つ余裕がありません。それでもアメリカは「自分の身は自分で守れ！」と言ってきます。そこで日米は話し合い、妥協しました。「軽武装で行こう！」と。軽武装というのは、首相官邸を中心とした首都機能や、主要飛行場、東京湾をはじめとする主要港湾、さらに東海道線のような主要幹線を最低限自力で守ることのできる陸上兵力という意味です。吉田内閣当時、アメリカから勧告された兵力は、三十二万人です。北日本と北九州に限り自力で守るために必要とされた兵員数です。詳しく知りたい方は、「池田・ロバートソン会談」を調べてください。

ちなみに、この三十二万人という数字には、原子力発電所の防護は含まれていません。そして、南北にわたって、国土が縦に長い日本を守ろうと思ったら、五十万人の陸上兵力が必要です。

そこで必要なのが、やはり予算です。この時代は、現在のように日本の経済規模は大きくありません。お金がないので、陸上自衛隊は、まずは十八万人にすることが目標となりました。ところが、なぜか十八万人が上限になってしまって現在に至っています。

現在の陸上自衛隊の定員は、普段は社会人として一般の仕事に就き、有事の招集に応じる即応予備自衛官も含めて、十六万人です。しかも、隊員の年齢構成は逆ピラミッド型、つまり若い人が少なくなっています。

国土防衛どころか、自分たちの施設を守ることもままならないという現実もあります。東京都新宿区には、自衛隊の本部があります。防衛省の庁舎のあるところですが、敷地の警備業務に民間の警備会社が参加することで、人員を節約しています。「競争の導入による公共サービスの改革」と銘打って各省庁が色々な業務を民間に委託していて、防衛省も同様なのです。平成三十一（二〇一九）年二月には、正門から暴漢が侵入するという事件も起こっています。正門警備の自衛隊員から小銃を奪おうとしたそうですが、共同通信社の記事では「正門にいる自衛官が持つ小銃に実弾は入っておらず、奪われても発射される恐れはない」と報じられていました。「それなら安心だね」とはならないのですが…。

海空自衛隊と同様、陸上自衛隊も実弾の管理が非常に厳密です。演習の後に薬莢《やっきょう》を拾い、支給数と合わせるという話もあるくらいですが、そもそも年間の射撃訓練もマトモにできないというのは有名な話なのです。

陸上自衛隊が射撃訓練で割り当てられる実弾は、一年間に一人平均百八十発です。戦車兵や砲兵は、技量を維持しなければならないので、その枠内でやり繰りして増やしているといいます。「一人が二百発撃つために、もう一人が百六十発」みたいな間の抜けた話をやっているのが自衛隊です。

そもそも、最前線の部隊に配置されない隊員も、射撃訓練をはじめ、歩兵としての訓練をしておかなければならないのが軍人です。たとえば、アメリカ軍の軍楽隊は、週あたり二百発以上の射撃訓練をしているとか。自衛隊は年間で、軍楽隊の週あたりの訓練を下回る予算しか、つけてもらえないということです。

自衛官がネタにする、「たまに撃つ　弾が無いのが　玉に瑕」という自虐的な川柳があります。冗談ではなく、現実です。実弾どころか、生活用品ですら、笑えないほどの物不足です。トイレットペーパーすら、不足が常態化していて自衛官が自腹で買わなければならないので、最近になって国会議員が取り上げ、ようやく「トイレットペーパーの予算執行の優先順位を上げます」ということになったとか。

敵と戦う以前のことで、この有様なのです。

第五節　軍隊・警察・消防の違い

自衛隊の、泣きたくなるような状況がおわかりいただけたでしょうか。軍隊には「ヒト、モノ、カネ」が必要ですが、物理的に足りていないのです。軍隊として「戦力外通告寸前」の意味がおわかりでしょうか。

しかし、こんなのは序の口です。自衛隊は組織の根本からして、軍隊ではないのです。読者の皆さんは、もしかして軍隊のことを「すごい武器を持った警察」と勘違いしていませんか？　だとしたら平和ボケです。

人の命を救う職業は、色々あります。すぐに思いつくのは、警察官や消防官といった職業です。警察官や消防官は、危険な現場で犯人逮捕や人命救出に従事しています。これは軍人も同じです。軍人や警察官、消防官は、人の命を救うために自分の命をかける仕事です。人を救う前に自分が死んでしまっては救えないので、厳しい訓練で心身ともに鍛えています。

では、ここで質問です。

軍人、警察官、消防官、この中で仲間外れは誰でしょう？

大抵の日本人は、消防官だと答えます。軍人と警察官は武器を持っていて、消防官は武器を持っていないという発想だからでしょう。

違います。実は正解は、軍人です。警察官は軍人ではなく、消防官に近い存在なのです。軍人と警察官や消防官との最大の違いは、「人を殺す」という他の職業にはない仕事があることです。つまり、そのための訓練を受けなければならないのです。

軍人が世界的に尊敬される職業である理由は、ここにあります。軍人である自分が逃げてしまったら、戦う方法を知らない人たちが敵に殺されてしまう。いざという時に、自分の命をかけて敵を殺してでも、守るべき価値があるもののために働くという価値観の人たちだからです。だからこそ、軍人の名誉と待遇は、きちんとしなければいけないと考えるのです。

もう少し専門的に、違いを説明します。

警察官と消防官は、近い存在です。両者をひとまとめにして「警防」と呼ぶ言葉もあります。戦前は、どちらも内務省の管轄で、陸海軍とは明確に分けられていました。

大抵の国では、軍人・警察官・消防官の三つの職業には、外国人は就くことができないようになっています。外国人に参政権を認めている国でも、同様です。なぜかというと、一定の条件下で国民の権利を侵害することが認められているからです。これを警察権といいます。ある程度、外国人の権利を広く認めている国でも、政治家や高級官僚、警察官や消防官といった権力を執行する職業を外国人に許すことはありません。

具体的には、警察官であれば容疑者の逮捕拘束が仕事です。消防官は、延焼を防ぐために破壊消防を行うことがあります。捜査や逮捕の対象となる人は無実かもしれない人ですし、破壊消防の対象となるのはまだ燃えていない建築物です。いずれも、国民の身体の自由や財産を直接的に侵害しますから、警察官や消防官の勝手な判断で権限を行使する自由裁量を与えていないのです。

こうした特徴により、警察官や消防官が守るべき法律は、基本的には「許可されたことだけやっていい」という体系になっています。専門用語で「許可事項列挙型」（ポジティブリスト）といいます。警察官職務執行法や消防法には「○○のとき、～することができる」という形式の条文がずらりと書かれています。警察官・消防官は政府の命令なしには動くことができないのです。

警察・消防があらかじめ許可されたことだけしか「やってはいけない」のに対して、軍隊は敵の破壊という目的を達するために、あらゆる力を総動員「してもいい」法体系となっています。そこで、あらかじめ、やってはいけないことだけを決めてあります。これを「禁止事項列挙型」（ネガティブリスト）といいます。たとえば、現場の軍人の判断で核戦争を起こされてはいけないので、勝手な判断で核ミサイルを発射してはいけないというようなことです。

軍と警察・消防の法体系が違うのは、守る対象が異なるからです。

警察官・消防官の仕事は、国民を守ることです。つまり治安を守ります。一方、軍人の仕事は国家を守ることです。国家の利益に反する敵を倒し、破壊します。

警察官も警棒や拳銃などの武器を持っていますが、軍隊とは異なり、どのような状況でどの武器を使うかが厳しく制約されています。これを「警察比例の原則」といいます。

前述した通り、犯罪を疑われている人であっても、裁判によって罪が確定するまでは無実かもしれないというのが法治国家の原則です。そこで、相手が武器を持って襲ってきたら、相手よりも一段強い武器を使うことだけ認めているのです。素手の相手には警棒、鉄パイプを持っている相手には拳銃、という具合です。警察官は、素手の相手に拳銃を向けてはいけないのです。

軍隊は、このような考え方では動けません。相手の軍隊も、自国の利益のために手段を問わずこちらを破壊する意図を持っています。すみやかに相手を撃破しなければ、自国の経済や産業などが破壊され、多くの犠牲者や難民が出てしまいます。結果として国民を守ることになりますが、警察とは目的や法体系の違いがあるため、軍隊は直接国民を守ってはいけないのです。

軍隊はやってはいけないことだけ決まっているので、政府の命令がなくても活動することができます。いざという時に、政府が機能しなくなっていても、国を守ることができるようにするためです。閣僚が爆弾テロに巻き込まれたり、外国に侵略されたり、クーデターや内乱が発生したり、大震災で閣僚全員が音信不通になったり、政府機能が麻痺することも想定しなければなりません。

政府が機能しない時に、政府の命令がなくても状況に対処して、政府機能を回復することができるのは、軍隊だけです。このため、軍隊は行動中に必要となる食事や宿泊といった生活面も、自力で賄う自己完結の仕組みになっていますが、警察にはその機能はありません。

こうした法体系と強い武器を持つ軍隊が、直接国民を守ろうとすると支配になります。現代でも、南米の軍事独裁国に見られますが、これは前近代の国家統治の考え方です。軍隊と警察が分かれていないのです。これが分離していく過程が、近代国家成立のひとつの側面です。

現在の自衛隊は、法体系が警察と同じです。つまり、すごい武器を持った警察なのです。よく、自衛隊は国際的には軍隊だと認識されていると言われますが、軍事の常識から言えば、「自衛隊」という独自で特殊な組織です。

平成二十三（二〇一一）年三月十一日、東日本大震災が起こり、自衛隊は短時間で十万人態勢の動員が行われました。警察や消防では対応できない規模だったからというのもありますが、本来、避難民対策は警察と消防の仕事です。この時に万一、日本の領域が外国から侵略されたら、対応できません。これをバックアップしながら、さらに二万五千人を動員して被災者の救援活動や空港の復旧まで行ったのは、在日アメリカ軍です。

自衛隊は、津波で機能しなくなった仙台空港の復旧には向かいましたが、国内法でがんじがらめのため、被災した空港に輸送機を降ろすことができなかったのです。アメリカ軍が航空管制を引き取り、兵を動員して空港を復旧しました。また、オーストラリア空軍の支援作戦は、在日米軍基地を拠点に展開しています。アメリカは国連の規定を根拠としています。犠牲者の多い大きな災害だったので無視されがちですが、なぜこういった根拠が重要なのかというと、外国の軍隊が日本の領土で勝手に動き回ることは、日本が独立国であれば本来あってはならないことだからです。

東日本大震災当時の菅直人内閣は、政府として機能していませんでした。自衛隊の「やっていいことリスト」以外のことをしなければならない時に「有事だからそれ、やっていいよ」と命令・許可できる人がいなかったのです。

自衛官の献身的な活動には頭が下がりますが、彼ら・彼女らの日頃の努力や志が活かされる法体系になっていません。日本はもしもの時に、自力で自国を守ることができないのです。

第六節　日本国憲法と日米安保条約の関係

自衛隊の設計が根本的に間違っているので、一般の人たちが軍隊と警察を近いものと勘違いしているのですが、この根源は日本国憲法第九条にあります。

第九条
日本国民は、正義と秩序を基調とする国際平和を誠実に希求し、国権の発動たる戦争と、武力による威嚇又は武力の行使は、国際紛争を解決する手段としては、永久にこれを放棄する。
前項の目的を達するため、陸海空軍その他の戦力は、これを保持しない。国の交戦権は、これを認めない。

文字通りに読めば「戦争してはいけない、戦うための力は持たない、戦う権利を認めない」と書かれています。ポイントは、二項に分かれていることです。一項で禁止しているのは、侵略戦争のことで、自衛のための戦力は持っていいし、自衛のための権利は認められているというのが現在の政府解釈です。自衛の定義は、最小限度の力で戦うことだとしています。

要するに、軍隊を持つのは憲法違反だけれども、自衛隊には軍隊の名に値しない力しかないから憲法違反ではない、という理屈です。だから、軍隊の法体系は認められず、物理的な力も最小限度に制限されています。

これで「自衛隊は、こんなに強い」と言ってしまえば、気の毒なのは現場の自衛官です。両手両足を縛られて、自分より強い敵と戦えと言われているのと同じです。それでも大丈夫だったのは、「世界最強のアメリカが守ってくれれば、日本は大丈夫」という考えの政治家が、日本の多数派だったからです。

昭和二十六（一九五一）年九月に締結されたサンフランシスコ講和条約が翌年四月二十八日に発効すると、正式に戦争が終結してＧＨＱによる占領統治も終了します。この時にアメリカと締結されたのが安全保障条約です。

日本では「日米安保条約」と俗称されていますが、外国人はどんなに親日的な人でも「米日安保条約」と呼びます。アメリカが日本を一方的に守る条約だからです。強力なDestructive Powerを持つアメリカが、ほとんど武器を持たない日本を守るという条約です。国と国との関係で「一方的に守る」とは、「支配する」と同じ意味です。しかし、さすがにあまりにも一方的すぎるため、昭和三十五（一九六〇）年に改定されました。変更点は次の通りです。

改定前　「アメリカが日本を守る」
↓
改定後　「アメリカが日本を守る」
　　　　「日本は在日米軍基地を守る」

改定前は一行で要約できます。改定後はさらに一行が加わりました。これで日米は対等だとして、現在に至ります。日本は自力で自国を守れた上でアメリカと同盟を結んでいるのではなく、在日米軍基地が維持されることを安全保障の目的としているのです。最近、トランプ大統領が「日本が戦争に巻き込まれたらアメリカは命がけで戦わねばならないが、アメリカが戦争に巻き込まれても、日本はテレビで見ているだけだ」と発言し、物議をかもしました。さすがにトランプの言い分の方が正しいように思えます。

別の見方をすれば、敗戦で押し付けられた憲法を盾にとって、日本はアメリカを上手く利用していると思うかもしれません。しかし、それ本当に上手いのでしょうか？

第七節　いまだに奪還できない拉致被害者

日本近隣の「人を殺してはいけない」という価値観の通じない国の中でも、最も頭がおかしいのが北朝鮮です。白昼堂々、日本国民をさらって行って、いまだに返しません。拉致問題です。

外務省のホームページには、政府が公式に認定した北朝鮮拉致被害者の方々のリストが掲載されています。さらわれたのが昭和五十二（一九七七）年ですから、最高齢の久米裕さんは生きていたら、今年九十四歳です。最年少の横田めぐみさんは当時十三歳でさらわれましたから、現在五十五歳になっているはずです。

北朝鮮拉致被害者のご家族は、四十二年以上も、安否不明のお子さんやご兄弟を待ち続けています。北朝鮮の人民が慢性的に飢えで苦しみ、脱北者と呼ばれる亡命者らによって、生活の悲惨さや過酷な強制労働が明らかにされています。拉致被害者の方々も、いつ殺されるかわからない生活をしているのです。

では、拉致された日本国民を取り返すには、どうすればよいでしょうか。話し合いで帰ってくればいいのですが、北朝鮮は話し合いが通じる相手でしょうか。話し合いで解決しない場合は、力で取り返しに行くことになります。

平成十四（二〇〇二）年九月十七日、当時の小泉純一郎総理大臣が北朝鮮に乗り込みました。その結果、当時北朝鮮の最高権力者だった金正日が日本人拉致を認め、拉致被害者五名の帰国が実現します。小泉首相は、一体どのように取り返したのでしょうか。

小泉内閣が成立したのは、前年の平成十三年四月二十六日です。アメリカで九・一一同時多発テロ事件が起こったのが、およそ半年後でした。大勢の国民が殺され、街を破壊されたアメリカ人は、怒り狂います。アメリカがアフガニスタンへの侵攻を決めると、小泉首相は即座に支持を表明しました。海上自衛隊をインド洋に派遣したのは、憲法の範囲内でできる最大の支援です。作戦を行うための補給は、軍の命綱です。アメリカは日本の支援を恩義に感じてくれました。同盟の義務を果たした訳です。

同年の年末、十二月二十二日には、北朝鮮の不審船がやってきました。海上保安庁の巡視船が急行します。海上保安庁は、日本の沿岸警備を行い、密漁などの取り締まりや海難救助を行う、海の警察です。不審船は逃げ回りながらロケットランチャーや自動小銃を撃ってきましたが、巡視船も応戦して追いかけ回し、不審船は最後には自爆して沈みました。小泉首相は、不審船の残骸を海から引き上げ、船の科学館（現在は海上保安資料館横浜館）で展示させます。

小泉首相の行動は、北朝鮮から見ると「殺されて、さらし者にされた」です。小泉首相は「拉致被害者を一人も返さなかったら殺すぞ」という国家意思を伝えたのです。北朝鮮は、力の論理の信奉者です。日本と一対一では見向きもしませんが、アメリカが日本について来るとなれば、話は別です。

九月十七日、小泉首相が平壌に乗り込んだ日、アメリカの第七艦隊がスタンバイしていました。いざとなったら、いつでも平壌を爆撃できる態勢です。北朝鮮も、他国からさらって来た人間を返さなかったら自分が殺されるかもしれない、と思えば返すのです。この時、北朝鮮は拉致被害者五人を恐る恐る返してきました。

小泉首相の二回の訪朝で五人の拉致被害者とその家族が日本に帰国した後は、十七年間ただの一人も帰って来ることができていません。アメリカがイラク戦争で、北朝鮮どころではなくなってしまったからです。おまけに安倍晋三首相は「北朝鮮に自衛隊を送り込んで日本人を救出することは、憲法上できない」と公式に答弁してしまいました。「まさか安倍さんが⁉」と疑う人もいるでしょうから、原文を示します。

我が国の場合は憲法第九条の制約があるため、ご指摘のような事態、すなわち我が国に対する武力攻撃が発生しているわけではない北朝鮮の内乱のような事態については、一般的には直ちに自衛権発動の要件に該当するとは言えません。救出するために自衛隊の特殊部隊を派遣するといった対応を取ることは憲法上難しいと言わざるを得ず、まあこれは、さまざまな検討を加えても憲法上は難しいという判断でございます。

（平成二十六年三月五日　参院予算委員会）

まるでやる気がありません。これで、北朝鮮が日本人拉致被害者を返したら天変地異です。小泉内閣の時だって、日本国憲法の条文は一字一句変わっていません。しかし、その憲法の枠内で最大限の努力をしたら、拉致被害者を取り返せました。小泉内閣と違って、安倍内閣は「国家意思」を示す気がないのです。

ここまで読んだ読者の皆さんは、日本がアメリカの属国のように思われたかもしれません。これは半分正解で、半分間違いです。この何十年か、ちゃんと「アメリカの属国」をやったのが小泉さんだけです。他の人は一人残らず、安倍さんのように「アメリカの属国」すら、真面目にやっていません。その証拠に、拉致被害者を取り返せた総理大臣は、小泉さんただ一人です。

はっきり言います。日本がマトモに「アメリカの属国」をやっていれば、拉致被害者は取り返せるのです。属国とは、子分になることです。子分の日本が、「さらわれた自分の国民を取り返す。いざとなれば戦争だ！」と言った時に、アメリカが「じゃあ、一人で頑張って〜」と逃げた瞬間に親分の資格を失います。子分は親分を取り替えることもできるのですから。アメリカとしたら、「じゃあ、俺も一緒にやる」しか選択肢がありません。小泉さんが具体的に何をやったかは、既に述べたとおりです。「自らの国家意思を示し、同盟の義務を果たす」です。

実際に、アメリカ合衆国政府は、日本が本気で拉致被害者を取り返しに行く時には、同盟国として何でも協力するという建前です。

ところが、安倍内閣の答弁は「自力ではできませんし、やりません」です。親分に「取り返してきてください」とお願いしたところで、「金正恩に会ったら言っといてやるよ」程度にしか取り合ってもらえないのは当然です。

二〇一七年にドナルド・トランプ大統領が誕生してからは、このことをはっきり言われています。トランプ大統領は「日米安全保障条約は片務的だ」と批判して注目を浴びました。この批判は、「日本人が戦わないのに、なぜアメリカ人が血を流してやらなければならないのか」という、日本に対するきわめて直接的な問いです。

このような現状の中、今はまだ在日米軍がいるから、日本はかろうじて人殺しに殺されないだけです。では、自分の国を守るためには、どうすればいいのでしょうか。

第八節　軍隊は「ヒト・モノ・カネ」と「法体系」

日本を守るためには、まず物理的な力を持つことが必要です。

多くの人は、まず憲法九条を変えることを考えます。保守系と呼ばれる政治家や政党は、必ずといっていいほど、政策や理念として掲げています。掲げるのはいいのですが、条文を変えないと、他のことは何もできないと考えている人も多いのです。

これは、順番が逆です。

吉田茂内閣が軽武装を掲げたのは、今の憲法下での決定です。ところが、北朝鮮から拉致被害者を取り返せる程度の軍事力どころか、その軽武装すら実現できていないのは、前に述べたとおりです。人数も足りていない、物も足りていない、そして、その二つを裏付ける金がないのが、今の自衛隊です。軍隊を持つ国から見れば、戦力外です。ましてや、中露北は核保有国なのです。

自衛隊が物理的な力を持てるような法律にしなければいけないと思うのは、法治国家としては当然です。ところが、憲法や法律を変えなくても、できることがあります。自衛隊の予算を増やすことです。

各国の軍事費の規模を測る指標となるのは、GDP比です。GDP（国内総生産）は、国内でどれくらいの富（価値）が生み出されたかを示す経済指標で、期間は通常一年間で算定されます。GDPに対して、特定の予算がどのくらいの割合なのかを計算したものがGDP比です。

日本が属する自由主義圏の国では、各国ともに軍事費はGDP比二％というのが文明国としての標準です。ヨーロッパでロシアとにらみ合っているNATO（北大西洋条約機構）が、戦争のない平時の標準として出している数字です。戦争の後などは、民力休養のため割合を下げてもいいけれども、いざという時の備えとして軍隊を維持するには、GDP比で二％が必要ということです。アメリカは今でも紛争に直接対応していることが多いので三％と多めですが、フランスやイギリスも二％前後の水準です。

日本は軍事費のことを「防衛費」と呼んでいます。昭和五十一（一九七六）年以来、防衛予算はＧＤＰ比一％から超えないという約束事ができました。当時はＧＤＰではなくＧＮＰ（国民総生産）比で一％とされ、あくまでも「当面は」という約束です。三木武夫内閣の時に閣議決定されました。閣議決定なので法律ではないのですが、政権が代わっても踏襲され、現在まで続いています。防衛予算を増やしたと言われる現在の安倍内閣でも、ＧＤＰ比では見事に〇・九五％です。

次に、法体系です。

軍隊は禁止事項列挙型、警察は許可事項列挙型で、現在の自衛隊は警察と同じ許可事項列挙型になっていると説明しました。平成二十六（二〇一四）年に自衛隊の活動範囲を広げる平和安全法制が整備されましたが、「やっていいこと」と「やっていい条件」がずらずらと並べられています。それ以外のことは、今の自衛隊にはできません。

これは、日本国憲法のせいでしょうか。実は、自衛隊の設立間もない昭和三十年代までは、できないことを列挙した方が早かったくらいです。ＩＣＢＭ（大陸間弾道ミサイル）のような射程の長い兵器を持つことや、戦時に中立国の船舶を拿捕すること、戦前に満洲国を設立したような相手国の占領統治といったこと以外は、大抵のことができるようになっていました。つまり現行の憲法下でも自衛隊を軍隊として考えていたのです。憲法第九条を文字通り読めば軍隊を持てないはずなのですが、解釈によって実質的な再軍備をしたのです。

平和安全法制の審議で国会から一般の人たちまで大騒ぎをした集団的自衛権にしても、昔は「行使している」という前提となっていました。日本とアメリカの安全保障条約にもとづいて、在日米軍基地を置いているからです。

東京オリンピックが行われた昭和三十九（一九六四）年までは、こういう解釈をしていました。ところが、時の首相の池田勇人が病気で退陣し、佐藤栄作に代わった瞬間、解釈が今のように変更されました。

制定当初　　　　＝一切の軍隊を持つな
昭和三十九年以前＝自衛隊は、やらんでいいこと以外はできる軍隊
昭和三十九年以後＝自衛隊は、やっていいことだけできる軍隊モドキ

劇的な変化が二回あります。この間、日本国憲法の条文は一文字も変わっていません。解釈が変わっただけです。ならば、自衛隊を強い軍隊にしたいと思うなら、解釈を昭和三十九年以前に戻せばよいだけです。

憲法の条文は改正の要件が厳しく定められていますから、変えるのには時間がかかります。仮に憲法の条文に「自衛隊は軍隊です」と書き込んだところで、長らく今の状態に置かれてきた自衛隊にしてみれば、戦うためのヒト・モノ・カネがないまま「さあ戦え」と言われても、裸で極寒の中に放り出されるようなものなのです。

第一に予算、次に憲法解釈、その結果として自然に法律を変えれば、憲法の条文を変えなくても、自衛隊は戦えるようになります。日本国憲法の条文なんて、それまでほっておいても、ド〜ってことありません。

何よりも、国家意思を持つことです。

日本は「人を殺しても構わない」と平気で考え実行する国に囲まれています。しかも、その国々は核兵器まで保有している。かろうじて、アメリカがいてくれるから、日本は平和が保てている。自分の意思で生きていないので、アメリカや他の国の顔色ばかり窺っています。

それがイヤなら、すべては国民一人ひとりが、「我々は誰にも媚びないで生きていくんだ！」という強い意思を持つことです。

第二章　先人たちは、どうやって祖国を守ってきたのか

第一節　江戸時代、迫りくる危機を認識できた

西暦一八四〇年。日本の元号で言えば、天保十一年のことでした。

日本の隣の清国は、大英帝国にアヘン戦争を仕掛けられ、殴られるがまま殴られました。アヘンとは麻薬です。清は、イギリスに麻薬を売りつけられ、言われるがままに買っていました。清が持っていた銀が、大量に流れ出てしまいます。その結果、清の国内にはアヘン患者が溢《あふ》れてしまいました。お金を巻き上げられて、麻薬患者になってしまう。

こうした情けない状況の祖国を憂いている愛国者が、清にもいました。林則徐という役人です。林則徐は、アヘンを取り上げ、焼いてしまいました。これに怒ったイギリスは、清国政府に林則徐の罷免を要求してきました。クビにしろ、ということです。怯えた清国政府は、言われるがままにクビにし、詫びを入れてきます。

これを見たイギリスは、戦争を仕掛けてきました。林則徐さえいなければ、腑抜けた清など一方的に殴るだけだと思ったのです。

どちらが悪いか？　誰がどう考えても、イギリスの方が悪いに決まっています。しかし、それは個人の道徳の話です。国と国の関係では、単純な道徳は通用しません。国際社会で

は、負けた方が悪いのです。なぜなら、自分の身は自分で守るしかないからです。

仮に、学校で悪い奴にカツアゲされて殴られたとしましょう。先生が助けてくれるかもしれません。あまりひどいと、警察が駆けつけてくれるかもしれません。でも、国際社会には「先生」もいなければ、「警察」も無いのです。だから個人と違って、国は、自分の身を自分で守らねばならないのです。自分が賢くなって、強くならなければならないのです。


アヘン戦争の後、清はイギリスに謝って許してもらいました。お金や領土を差し出して。さらなるカツアゲに屈したのです。そして、それで済んだと思っていました。

一方、アヘン戦争を「明日は我が身だ」と危機感を抱いた人々がいました。

日本人です。

当時の日本人は、身分の上下に関係なく、アヘン戦争で何が起きたのか、必死に情報を探り、勉強しました。

清は、何を間違えたのか？

・アヘンなんて麻薬を買ってしまい、身も心もバラバラになった。

・イギリスに脅されるがままに、林則徐をクビにした。
・脅しを聞き入れたら、殴られないと勘違いした。
・日ごろから何も準備をしていなかったので、いざ戦いになったら一方的に殴られた。

清は、知力・財力・武力のすべてで、劣っていたのです。そして、もう一つ。最も大事なことです。

・負けても悔しいと思わなかった。

喧嘩をやっていれば、一回や二回、負けることはあります。でも、負けても次に勝つ気持ちで頑張れば、それは負けではないのです。次に戦った時に勝てばいい。相手に「今回は勝ったけれども、次はない。もう二度とコイツに喧嘩を吹っ掛けるのはやめよう。ましてやカツアゲなんてやめとこう」と思わせたら、それは負けではないのです。

しかし、負けても悔しがらない。清国は、アヘン戦争に負けた後も強くなろうとせず、努力もしませんでした。これは正真正銘の、負けです。

清は日本よりも大きな国です。その清がこんな負け方をして、海の向こうの日本人の方が危機感を持ちました。

第二節　江戸の日本人は賢かった

江戸時代の二百年を通じて、日本は平和でした。

その間、西洋は発展し世界中に植民地を持ちます。植民地とは「搾り取る土地」のことです。ヨーロッパ人は、アフリカ・中南米・アジアと、世界中を侵略していきます。植民地にされた土地の住民は奴隷にされ、死ぬまで働かされます。白人は競って世界中を植民地にしていきますから、白人どうしの争いも絶えません。当時は、イギリスがチャンピオン（覇権国）で、ロシアがチャレンジャー（挑戦国）です。イギリスもロシアも、東アジアを狙っていました。当然、日本も標的です。世界中を荒らしまわった西洋列強が最後にたどり着いたのが、日本です。

日本は二百年も平和でしたから、軍事的には遅れています。当然、科学技術も遅れています。経済的にはそれなりに豊かでしたが、ヨーロッパのように植民地を持ち、有色人種から金を巻き上げるような贅沢はしていません。国民性は豊かで文化は花開いています。

たとえば浮世絵なんかは、遠くヨーロッパにまで伝わり、その芸術性が感心されています。災害に見舞われながらも国民が笑顔で暮らせる国でした。ノンキで幸せな国です。しかし、ノンキな国は、肉食動物のような白人の大国から見たら、絶好の獲物です。そんな日本人が、どうして生き残れたのでしょうか。

その頃の日本人は、ノンキなだけではありませんでした。勉強好きだったので、頭は良かったのです。そもそも、当時の日本人はみんな字が読めました。え？　と思うかもしれませんが、これは世界の驚異です。

江戸時代にはロシアの船が、しばしば日本に漂着していました。その時、住民たちと交流します。日本人が「記念にアナタの名前を書いて残してください」とお願いしても、ロシアの船乗りは書けません。アルファベットどころか、自分のイニシャルも書けないのです。一方で、日本の庶民は、今の小学生くらいの年齢になると寺子屋に通い、読み書き計算はできます。その頃のロシアと言えば、大英帝国に次ぐ世界第二位の帝国です。そのロシアで、こんなものです。イギリスだって、ロシアよりはマシな程度で、アルファベットが全部読める庶民など半分もいません。たいていの庶民が最低限の読み書き計算ができる国など、世界で日本くらいなのです。

そして、日本には勉強好きな人たちが少なからずいました。学問を志す人は、京都に集まりました。日本の古典の研究が盛んになるのも江戸時代ですが、その人たちは熱心に研究し、議論していました。

たとえば、賀茂真淵という人と本居宣長という人は、生涯に一度しか会ったことがありません。しかし、お互いに存在を知っていて、一度だけ会った時は夜を明かして語り合ったそうです。お互いに話したいこと、聞きたいことが、たくさんあったのです。宣長は真淵を心の師匠と仰いでいましたし、真淵も宣長は日本を代表する知識人になると見込んでいたのです。

『古事記』『源氏物語』と言えば、日本を代表する古典であるのみならず、今や世界中で読まれています。その『古事記』と『源氏物語』を、日本人なら誰でも知っている古典として位置付けたのが、宣長なのです。それまで『源氏物語』はマトモな男が読む本とは思われていませんでしたし、『古事記』に至っては偽書説がありました。当の真淵が「偽書説」を唱えていた代表者でした。宣長は「日本人とは何か」を研究しているうちに、『古事記』や『源氏物語』の意義を見出したのです。宣長の研究により『古事記』は偽書ではないとの評価が定着しましたし、『源氏物語』の繊細な文学性が広まったのです。

お互いに勉強し、議論しながら、何が正しいかを探していく。弟子は先生を尊敬するけど、先生も弟子を対等の競争相手と認める。そういう精神が江戸の日本にはありました。軍事や科学技術、あるいは経済のような物質面では西洋列強に劣っていたかもしれませんが、精神面では優るとも劣っていなかったのです。

幕末、黒船が日本に現れました。多くの庶民にとっては驚きでした。しかし、少なからずの日本人にとっては、黒船と呼ばれた軍艦の到来は想定の範囲内でした。「とうとう来たか」が本音です。

NHK大河ドラマでも、幕末物は人気です。主人公が坂本龍馬だろうが新選組だろうが、第一話でペリーの黒船を見に行くのが定番です。大河ドラマの主人公たちが本当に見に行ったかは知りませんが、裏付けるような史実はあります。

現在、神奈川県横浜市には、「黒船見物の丘」という夜景スポットがあって、当時の様子を紹介しています。黒船を見に行くだけではなく、絵が上手い人にスケッチさせたりもしています。この頃は、日本にもカメラが入って来ていましたが普及しておらず、絵が重要なメディアでした。怖いもの見たさで、スケッチにいく日本人の姿。なんだか微笑ましく、天然で純朴な民族のような感じがします。実は、ここにこそ、日本人が世界の中で生き残れた秘訣があるのです。

当時の黒船は、軍事力・科学技術力・経済力という物質力のすべてを結集した成果です。ほとんどすべての有色人種は見た瞬間に、「これは勝てない」と諦めてしまいました。だから、植民地にされたのです。文字通り、身も心も奴隷にされたのです。

しかし、日本人は違いました。もちろん怖がる人もいましたが、物見高い人たちが続々と見物につめかけました。「あれが、本でしか読んだことなかった黒船か！」と、好奇心旺盛でした。

江戸時代の日本は外国との交流を制限していました。「鎖国」とも呼ばれます。二百年間、幕府は大型の外洋船を造ることを禁止していました。技術はゼロです。ところが、それから十年ほどのうちに、フリーターが黒船を乗り回すようになります。「あれをやればいいのだ！」と、西洋の進んだ技術を学び、自分たちで黒船を造れるようになったのです。ちなみに、黒船を乗り回していたフリーターの一人が、坂本龍馬という若者です。

黒船を造った一人が、大村益次郎という人です。この人はもともと医者ですが、愛想が無く患者さんが寄り付きません。商売にならないので、オランダ語の翻訳でバイト生活をしていたところ、宇和島の伊達宗城という殿様にスカウトされました。殿様曰く、「お前は医者だから、黒船も造れるだろう」と。

これに対する大村の答えは、「この国で一番腕のいい職人を助手につけて下さい」でした。そして、本当に黒船を造ってしまいました。今にたとえると、「愛媛県核武装」でしょうか。知事が独自に民間人を雇って、イージス艦を造ってしまったような感覚です。

ここで大事なのは、「医者だから軍事のことくらい、わかるだろう」という前提です。今のお医者さんの世界はとてつもなく細分化していて、「私は耳の専門なので、鼻の病気のことを聞かれても困ります」なんてザラで、病気ごとに専門家がいるような状態です。歯医者さんに行っても、大きな病院だと「ブラッシングの専門家」「麻酔の専門家」「抜歯の専門家」…と、流れ作業です。こうした現代から見ると、大村が生きた時代は「医学のレベルが低いから、それで通用したんだろう」と思われるでしょう。確かに、医学の進歩は光の速さ、すさまじく進歩していて、一人の人間がすべての専門家になるのは不可能です。ただ、すべての専門家に必要な知識があります。

教養です。

大村益次郎は、適塾というところで勉強しました。適塾は緒方洪庵というお医者さんが開いた塾で、最新の洋書に基づいて医学を勉強する場所でした。塾生はオランダ語でもたらされる知識を、競って勉強しました。電気の本は奪い合うように回し読みしたそうです。彼らは医学を勉強しているのですが、常に「人の役に立ちたい」という意識を忘れたことはありません。「人の役に立ちたい」からこそ、知識を身に付けるのです。そうやって勉強していると、自然と日本が置かれている状況が見えてきます。西洋の国々は黒船を使って世界を征服している。ならば、我々も黒船を持たねばならない。

いずれ機会があれば、自分の手で黒船を造ってみせる。

その気概だけは持ち続けていたのです。適塾に知識自慢で喜んでいるだけのオタクは、一人もいませんでした。

そう言えば、大河ドラマ『花神』で、大村益次郎はスケッチを持って黒船を見物に行きました。

科学技術も大事です。しかし、それよりももっと大事なのは、科学する精神です。

第三節　国を救うには「未来への意思」を持つこと

社会に少しでも関心がある日本人は、アヘン戦争で危機が迫っていることを知りました。「次は、日本の番だ！」と。

政治家も、わかってはいます。しかし、しがらみが多すぎて何もできません。天保の改革、安政の改革、文久の改革、慶応の改革。「改革」のかけ声だけはかけるけれども、何もできません。

頭のいい人たちに限って、ド〜でもいい問題を大きく取り上げます。たとえば、参勤交代です。江戸時代を通じて大名たちは一年ごとに地元と江戸で、交互に暮らしていました。これが多大な財政負担になっていました。当事者にとっては大問題でしょうが、「じゃあ、それが実行されたら、外国の侵略を撥ね返せるのか?」というと、何の関係もありません。

また、幕末最後の五年間は、兵庫開港問題で明け暮れます。ペリーが来た時に、幕府は鎖国をやめ開国しました。外国と広く貿易をすることにしたのです。外国からしたら、兵庫は絶好の場所です。ぜひ、兵庫を貿易港として開いてほしいのです。幕府を脅したり、すかしたりです。しかし、兵庫は京都と目と鼻の先です。しかも時の孝明天皇は、大の外国嫌いです。

こうした状況を利用して権力を握ったのが、徳川慶喜です。文久二(一八六二)年、慶喜は将軍後見職になると、病弱な将軍に代わり権力を握ります。当時の政治のプロたちは、「日本を救えるのは慶喜しかいない」と思っていました。実際、慶喜はすべてのものを兼ね備えていました。将軍になってもおかしくない名門で、頭は抜群に切れる。個人的な喧嘩の腕も強く、大名たちも怒鳴られただけでシュンとなって誰も文句を言えない。狡賢くて、謀略の達人。なにせ、天皇と外国の両方を手玉にとるのですから。孝明天皇には「兵庫は開港しません」と約束しつつも、外国の脅威を煽る。外国には「天皇が反対しているので、私に任せてください」と話を先延ばしにする。大名たち政治家は、慶喜の一挙手一投足に右往左往するばかり。そうやって五年間、慶喜は日本の政治にかかわる人たちを振り回してきました。

慶応二（一八六六）年、慶喜は正式に将軍になります。そして慶応の改革を始めます。それなりに成果を上げます。それなりに。

こうした状況に、「慶喜だけは倒さねばならない！」と決心し、実行していた人がいました。大久保利通です。

大久保は、大名中最大の実力者と言われた、島津家の重役です。大名でもなければ、家臣筆頭の家老でもありません。ただの重役にすぎません。それどころか、もともとは下級武士でした。

アヘン戦争の時は十一歳、ペリーが来た時は二十三歳。ただの若者でした。しかし、自分なりに「日本はどうなるのだろうか」と意識を持ち、勉強していくうちに、「このままでは日本は滅びる」との結論に至りました。そして、「自分に何ができるだろうか」と考え、「まずは、日本の政治に発言できる立場にならないといけない」と重役にまで出世したのです。しかし、それでも征夷大将軍の慶喜との格の違いは、言うまでもありません。

日本は何をすれば生き残れるのか。その後の歴史を知っている我々には、正解は明らかです。強い政府をつくり、税金を中央の政府一か所に集め、そのお金で軍隊をつくること、たくさんのお金を集めるために経済を豊かにすることです。「政令一途」「富国強兵」です。では、誰がそれをやるのか。大久保は、慶喜ではダメだと確信していました。なぜか。

慶喜が見ているのは、「現状」です。目の前に見えている状況で、「一番マシな正解は何か」を必死に探して実行しているだけなのです。現に慶喜が最大実力者だった五年間、「政令一途」「富国強兵」には、一ミリも近付いていません。切り盛りするのは上手いけれども、回しているだけです。結局、さんざん人を振り回しているだけで、既存の人間関係のしがらみから一歩も出られない人なのです。だから大久保は、慶喜を倒さねばならないと考えたのです。

そして、大久保は慶喜に戦いを挑み、激しい戦いの末に、倒しました。結果、幕府を無くし、王政復古の大号令で「天皇を中心の政府をつくる」と宣言し、廃藩置県で大名の制度を無くし、殖産興業で経済をしっかりさせ、富国強兵をやりました。

もし、幕府が残り、全国に大名が残っていたら、どうなったでしょうか。間違いなく、日本は外国の植民地にされたでしょう。富国強兵とは、何か。日本中から税を中央政府に集め、そのお金で軍隊をつくることです。ところが大名が各地で勝手に年貢をとっていたり、軍隊を持っていたりしては、富国強兵は永遠にできません。年貢をとり、軍隊を持つことは絶大な権力です。しかし、白人に植民地にされた国々は、国がまとまらずにバラバラだったので、各個撃破されました。各個撃破とは、個別に潰されることです。十の力でも、五つに分かれていては二の力しか発揮できません。本当は十の力を持っていても、三の力しか持たない相手に負けてしまうのです。

幕末の日本の力を十としたら、アメリカが二十、ロシアが七十、イギリスが百、といった感じでしょうか。まとまっても勝てるかどうかわからないのに、バラバラだったら絶対に勝てません。

慶喜に任せていたら、舌先三寸で外国を振り回して結論を先延ばしにするかもしれませんが、相手が本気で怒った瞬間に破滅です。自分の力を蓄えていないと、対抗できません。

力を出す仕組みを整えようとしたら、大名たちの持つ既得権益を取り上げなければなりませんが、そんなことをしなくても権力を握っている慶喜は無理をしません。「現状」でできる最善、つまり「一番マシな正解」を続けているだけです。

大久保は、「それではダメだ。日本が滅びる」と見抜いたから、「慶喜だけは倒さねばならない」との結論に至ったのです。当時の政治のプロたちの常識を突き抜けていました。常識や現状だけ見ていては、滅びるだけです。清国のように。

大久保が見ていたのは、現実です。そして、日本が外国の侵略を撥ね退け、立派な国として生きている理想です。

現実主義には、いかなる空想も入り込みません。同時に、ただ目の前の現状に流されることはないのです。理想の未来像を描き、そこに向かって突き進んでいく。それが現実主義です。現実主義とは、理想主義の反対語ではないのです。現状主義と空想主義の双方を排したやり方なのです。この意味で、大久保は現実主義者でした。

徳川慶喜は現状主義者であって、現実主義者ではありませんでした。未来への意思がないからです。

本来ならば、日本国の運命に何の責任もない多くの日本人が、国の危機に際して立ち上がりました。必死に勉強した成果を活かそうとしたのです。

第四節　天皇を中心にまとまったから維新ができた

帝国主義の時代、日本以外のアジアの国々は、ほとんどが植民地になりました。国をまとめる人がいなかったからです。

たとえばインドです。イギリスがインドにやって来た時、皇帝がいました。そして皇帝の他にマハラジャと呼ばれる王様がいました。江戸時代の日本に将軍と大名がいたようなものです。では、イギリスに対して皇帝を中心にまとまることができたかというと、無理でした。各地のマハラジャはイギリスの軍隊に各個撃破され、彼らの領国は次々とイギリスの保護国にされました。最後の総仕上げに、イギリスが皇帝を退位させて、国が消滅しました。

皇帝といっても王様の一人で、特別な存在ではないのです。日本の徳川将軍家も、たまたま戦国時代を勝ち抜いて抜け出たような存在になっていますが、もともとは大名の一人にすぎなかったのと同じようなものです。

これには理由があります。

インドだけでなく、中華世界やヨーロッパでも同様ですが、たいていの国は、「君主・貴族vs.平民」の関係です。「君主・貴族」と「平民」の間に、越えられない壁があります。「君主・貴族」は圧倒的多数の「平民」を支配する特権階級です。皇帝も国王も、貴族と同じ特権階級の一人なのです。君主は、貴族が力で取って代わることのできる存在です。世界ではこれが普通です。

ところが日本では、「皇室vs.貴族・平民」の関係です。天皇を中心とする皇室は、貴族とも異なる特別な存在なのです。天皇陛下から見れば、貴族も平民も同じです。源氏も平氏も藤原氏も、みんな平民です。これを一君万民といいます。日本の歴史では、政治の最高権力者は常に入れ替わりました。皇室よりも権力を握った一族はいくらでもいます。蘇我、藤原、平、源、北条、足利、織田、豊臣、徳川が代表ですが、誰一人天皇になった人はいません。政治の最高権力者は、天皇に認められねばならないのです。ちなみに、今でも内閣総理大臣は天皇の認証を受けています。

大久保利通は、天皇が日本をまとめ上げる旗印であるべきだと考えました。大久保だけではなく、当時の日本人の間では共通見解でした。徳川慶喜も同じ考えでした。では、まとまる旗印は天皇だとして、実質は誰がまとめるのか。慶喜と大久保の争いは、その一点でした。

結果、大久保が勝ち、社会全体を根こそぎ変える改革を行います。明治維新です。明治維新ができたのは、皇室という特別な存在があったこと、天皇を中心に日本中をまとめる意思と実行力のある人がいたこと、この二つがあったから、日本は助かったのです。天皇を中心にまとまった日本は、三つのことを頑張りました。「鉄・金・紙」です。「鉄」は軍事力です。帝国陸海軍をつくり、当時の軍事最先進国であるヨーロッパから顧問を招き、装備を買い、強くしていきます。「金」は経済力です。明治初頭の殖産興業は、国民の働き方も変えました。では、最後の「紙」とは何でしょうか。

幕末日本は、来航した外国と不平等条約を結びます。ヨーロッパ人は日本に対し「お前は文明国ではないから、お前のところの法なんかに従っていられるか」と不平等条約を押し付けてきました。日本には力がないから、逆らえませんでした。

不平等条約は、具体的には二つの柱から成ります。日本には、罪を犯した外国人を自分の国の法律で裁く権利がなく、関税を自分で決める権利がありませんでした。領事裁判権の容認と関税自主権喪失です。力を付けて、この不平等条約を跳ね返そうと努力するのが明治時代です。

日本は、留学生を欧米に送り、ヨーロッパの文物を取り入れていきます。あらゆる学問を吸収し、医学や歴史学、刑法や民法など、彼らの言う「文明」とは何なのかを学んでいきました。文明国と言われるにふさわしいように、国そのものを変えていこうとするのです。

そして、列強各国に因縁をつけられないように、文明国としての法を整備します。

文明国の法とは、憲法のことです。憲法とは国の根本法のことです。古代、当時の最先進国の唐に倣って律令を定めたように、今度は西洋に負けない憲法を打ち立てねばならないと考えたのです。

明治十五（一八八二）年、当時の最高権力者だった伊藤博文がヨーロッパに憲法の調査に向かいます。

まずフランスです。当時のフランスは、第三共和政です。十八世紀末に始まったフランス革命で王様を殺してしまって以来、争いが絶えません。天皇をいただく日本とは真逆の制度なので、「参考にしてはならない」という結論になります。

次に、君主政のイギリスです。ところがイギリスは一つにまとまった憲法がありません。歴史的宣言や議会運用、法律の運用と裁判の判例など、数百年を経た慣習の蓄積全体を憲法と呼んでいます。何が何だかわかりません。普通の国は「〇〇国憲法」のようにまとまっていますが、イギリスだけは複雑すぎる運用をしています。伊藤は、とても真似できないと考えました。

仕方がないので、皇帝を擁するドイツの憲法を勉強しに行きます。ドイツで、法学者のルドルフ・フォン・グナイストやアルベルト・モッセから講義を受けます。モッセはプロイセン憲法の条文について話はしてくれるものの、日本にどう役に立つのかがわかりません。ドイツ語ができない伊藤は、言葉の壁にも阻まれます。そうこうするうちに、モッセ教授は夏休みになってしまいます。何もせず教授の帰りをボーッと待つわけにもいかず、伊藤たち政府一行は、オーストリアに足を延ばしました。そこで出会ったのが、ウィーン大学のローレンツ・フォン・シュタイン教授です。

シュタイン教授は「私はヨーロッパの憲法はあらかた説明できるけれども、それは歴史を知っているからだ。しかし、日本の憲法についてはは日本の歴史を知らないので、教えることはできない」と告げます。それを聞いた伊藤博文は「あっ！」と雷に打たれたかのような衝撃を受けるのです。シュタイン教授は、憲法の基本原則を教えてくれました。憲法は、国の根本の法であり、国の形を示す法です。だから、国の歴史に基づいた法でなければいけないのだ、と。

いかにヨーロッパの強国が「これが文明だ」と言い張り、グローバルスタンダードだと押し付けてきても、ただ真似するだけでは自分の国の法になりません。自分の国の法として必要なものを、自分の国の歴史の中に発見しなくてはならないのです。

具体例をいくつか挙げましょう。

まず、「人を殺してはいけない」という価値観です。これをヨーロッパ人は「人権」と名付けました。人が人であるという理由だけで生まれながらに持っている権利だから、人権です。西洋列強は「人権を認めない国は文明国ではない」と不平等条約を押し付けてきました。江戸時代の「切捨御免」のような、特権階級は身分が下の人間を殺していいという法は野蛮だと言うのです。確かに一理あります。改めるべきでしょう。

ただ、我が国の歴史書を見れば、古事記の伝説の時代の話として、暴虐な君主の話が出て来ます。第一章でお話しした、武烈天皇です。統治する王朝が変わったわけでもないのに、自分に都合の悪い話、ご先祖様の恥をわざわざ書き残しているのです。古文書の記録に残っている時代でも、天皇であっても罪を犯せば最高刑です。前章では、平安時代の陽成天皇の話もしました。

我が国には「人を理由もなく殺してはいけない」という価値観が古くからある、だから「切捨御免」はやらないのだ、となります。

なぜ内閣制度を取り入れるかも同様です。我が国は、七世紀半ばの大化の改新の孝徳天皇や天智天皇の頃から天皇が独裁をすることはなく、皆の話を聞いて政治を行ってきた、だから内閣制度を行うのだ、という具合です。

議会制度も同じです。

古事記の神話で神様がすむ天上界は、高天原というところです。そこでは何事も話し合いで決めていました。言うなれば、世界最古の議会です。天照大神《アマテラスオオミカミ》が天の岩戸に隠れて地上が真っ暗になった時も、地上界の葦原中国《あしはらのなかつくに》を天照大神の孫の瓊瓊杵尊《ニニギノミコト》が治めることになった時も、全国から神様が集まって、どうすればいいのか皆で話し合って決めています。

我が国は自分たちの歴史の中に必要な制度を発見するのであって、西洋の文物を何も考えずに輸入して自分の国の制度にするのではないのです。

伊藤博文は、歴史の上に立った憲法の作成に取り掛かります。伊藤とともに憲法の起草に携わった井上毅は、実際に神話時代からの日本の歴史をすべて勉強したといいます。当時のグローバルスタンダード、列強の持ってきた「文明国の通義」という横軸を守り、歴史という縦軸の上に調和させた近代的な法典ができました。大日本帝国憲法です。明治二十二（一八八九）年二月十一日に公布、翌年十一月二十九日に施行されます。

帝国憲法では、憲法典の前文にあたる文章を「御告文《ごこうもん》」といいます。明治天皇が、ご先祖様である歴代天皇に誓う形になっています。

これまでご先祖様より、宝物として日本国を無事に受け継いでまいりました。世の中の文化が発達しましたので、ご先祖様が残された教えを明らかにするために皇室の家法である皇室典範と、国の最高の法である帝国憲法を定め、私は臣民に率先してこれを守り、子孫にも守らせます。

現代語にすると、このような内容です。神社で神主さんが神様に読み上げる祝詞《のりと》を聴いたことがあるでしょうか。原文は祝詞と同じで、神様に申し上げる形式で書かれています。日本は自らの意思で、歴史に基づいて国の基本法を定め、世界中の人たちを納得させました。日本は文明国だ！と。

伊藤博文の助手を務めた金子堅太郎は、できあがった帝国憲法を世界中の憲法の権威に見せて回ります。すると、彼らは「こんな先進的な内容で、本当に大丈夫か」と口を揃えました。伊藤はそれを聞いて、「自分たちが有色人種だから、文明国としての憲法を運営できないと思って、馬鹿にしているのだろうと思った」と伝わります。

憲法に従った政治は、時に物事を決めるのが遅かったり、決まらなかったりします。憲法を制定しても、挫折してしまう国も多いのです。日本が帝国憲法を制定する少し前、一八七六年十二月にオスマントルコ帝国でミトハト憲法が制定されましたが、二年ともたずに停止されています。現代でも、東南アジアやアフリカで、クーデターなどにより憲法が停止される例が見られます。

伊藤博文は、どれほど運営が苦しくても、決して憲法の停止はしませんでした。だから、世界も納得したのです。これが「紙」の力です。

第五節　日清日露戦争に勝利し、大国へ

鉄・金・紙、すべての面で頑張った日本は、列強にようやく文明国だと認めさせることができました。

特筆大書すべきは、日清日露戦争の勝利です。

日清戦争の直前の明治二十七（一八九四）年、イギリスなど列強に領事裁判権の撤廃を認めさせました。鉄・金・紙のすべてにおいて努力してきたから、列強も日本に向かって「文明国ではない」などと言えなくなったのです。世界最強の大英帝国の国民も東アジアにいます。日本と清が戦争をしようとしているときに、巻き添えになればたまったものではありません。日本は「ちゃんとオタクのおっしゃる文明の法とやらを守って、巻き添えにならないようにしますからね」と交渉します。誰もが認めざるを得ません。それでも「お前は文明国ではない」と言い張ると、「じゃあ、何をやっても良いですね。オタクの居留民がどうなっても知りませんよ」となりますから。

日清戦争に日本は完勝しました。行われた年から、「明治二十七、八年戦役」とも呼ばれます。

当時の世界は、自分が強くならなければ負ける時代です。

アヘン戦争で負けて以来、清は外国にやられっぱなしです。しかし日本と違って強くなる努力をしませんでした。それどころか、八つ当たりを始めました。八つ当たりの対象は朝鮮です。清は、自分よりもはるかに弱い朝鮮に威張り散らすようになるのです。

朝鮮は日本から見たら、唇と歯の関係です。朝鮮半島が敵対的になったら、日本の安全は保障されません。清は朝鮮に支配を及ぼし、あまつさえ日本にも威張り散らします。その威張り散らし方は、軍艦を日本に派遣して脅す、水兵が上陸して暴れまわる、といった具合です。

清や朝鮮が日本の明治維新のように西洋列強の侵略に対抗するための努力をしているならば頼もしい仲間です。ところが事実は逆で、先進文明を取り入れて生き残ろうとする日本を、清や朝鮮は「西洋に魂を売った」と小馬鹿にしていたのです。朝鮮など、日本に倣って改革しようとした愛国者を、ことごとく殺すか追放します。

こうしたことが積み重なり、日清戦争に至ったのです。

清の完敗を見た西洋列強は、アジアに進出してきます。特に隣国のロシアは、清に軍隊を派遣して居座ります。朝鮮国王は、清からロシアに親分を取り替え、相変わらず日本に敵対的な言動を繰り返します。

ロシアは朝鮮にも居座り、日本を脅かします。日本は「朝鮮から出て行ってくれ」と頼みますが、ロシアは無視です。朝鮮の次は日本を征服しようとしているのですから、聞く訳がありません。日本は東アジアでは強い国かもしれませんが、世界第二位の大帝国のロシアからしたら「獲物」です。聞く耳を持つはずがありません。

日本は最後のお願いとして、「北緯三十九度線から南には来ないでくれ」と申し出ましたが無視されました。三十九度線は、今の朝鮮半島の真ん中の線です。時間がたてばロシアの戦争準備は整います。日本は戦う決心をしました。

日露戦争は、行われた年から、「明治三十七、八年戦役」とも呼ばれます。

日露戦争では、陸と海の両方で何度も大きな戦いがありました。どこか一回でも負ければ日本はゲームオーバーというギリギリの戦いに、日本は全戦全勝しました。そしてロシアが疲れたところで、講和に持ち込みました。ポーツマス講和条約です。北緯三十九度線どころか朝鮮半島からロシア軍を追い出し、満洲の北にまで追いやりました。これで、もうロシアは日本列島を脅かすことはできません。

幕末以来、日本は文明国になろうと必死に努力してきました。大国の圧力を跳ね返し文明国だと認めさせるには、自分が大国になるしかありません。小国が大国になる条件は、戦争に勝つことです。

明治時代、世界の五大国は、英露仏独墺です。これに米伊、それに日本が加わりました。アメリカは米西戦争でスペインに、イタリアは伊土戦争でオスマントルコ帝国に勝ち、大国として認められました。スペインもトルコも、かつては大国でしたが、既に没落していました。それに対してロシアは、大英帝国を除けば最強の国です。日本を大国だと認めるのに文句をつける国はありませんでした。

不平等条約のもう一つの柱、関税自主権は明治四十四（一九一一）年に回復します。明治は四十五年までですから、明治時代とは不平等条約を撤廃させるための努力を続けた時代だと言えるでしょう。ただ、その前に、日本が大国として認められる出来事があります。

各国が日本の公使館を大使館に格上げします。この時代は、大国あるいは重要国と認めなければ、大使館は置きません。明治三十八年に同盟国となっていたイギリスが大使館に格上げしてくれたのを皮切りに、三十九年にドイツ・フランス・アメリカ・オーストリア、四十年にイタリア、四十一年にロシアと、すべての大国と大使交換を行いました。大使交換とは、お互いの国に大使館を設置し、大使を赴任させることです。

日露はポーツマス講和条約を結びましたが、ロシアは復讐に来るかもしれません。日本は警戒を解きませんでしたが、世界の国が日本を単なる文明国のみならず大国として認めるようになると、ロシアも日本との争いを避けるようになります。

そして、日本近代史の転機となるのが、明治四十（一九〇七）年です。

日露両国には、それぞれ同盟国がいました。イギリスとフランスです。英仏両国は日露戦争に巻き込まれるのを避けるため、英仏協商を結んでいました。しかし、日露の争いはポーツマス条約で決着しました。「朝鮮と南満洲は日本、北満洲はロシア」と、いわば縄張りを決めたのです。争う理由はないのですから、仲良くしようという流れになったのです。この流れができた背景には、日英同盟と露仏同盟を喧嘩させて共倒れにさせようとしたドイツという国に、英仏露三国が腹を立てていたという事情もありました。

一九〇七年は「協商の年」とも呼ばれます。日仏協商、日露協商、英露協商と、立て続けに三つの協商が結ばれたからです。日英同盟と露仏同盟は結びつきました。英仏露は三国協商を組み、ドイツとヨーロッパで睨み合いを続けます。

ここに、日本は十年間、何も考えなくても国際情勢の中で安全圏にいられる状況になりました。幕末以来の努力が実りました。

第六節　あっという間に滅んだ大日本帝国

実に五十年もの努力が実りました。明治維新、帝国憲法制定、日清日露戦争の勝利は、世界史の奇跡です。

ところが、ここを頂点に凋落が始まるのです。

日露戦争終結までは、伊藤博文たちのような幕末維新をくぐり抜けた志士たちが、元老として政治を独占しています。維新の若き志士だった人たちも、六十代半ばから七十代に差し掛かろうという年齢になっていました。

明治維新以来、国が滅んではいけないので、元老たちは強力な指導力で引っ張ってきました。国民が協力して、二度の大戦争を勝ち抜きました。懸案は解決し、国が滅びる危険は去りました。

ここで、「国民を無視して元老たちだけで、これからも政治を運営していくのはおかしくないか？」という意見が出てくるのです。後に大正デモクラシーと呼ばれる一連の改革機運は、明治四十（一九〇七）年から始まります。

ここで、伊藤博文と山県有朋の二大元老が対立することになります。伊藤は政治家を、山県は軍人の立場を代表します。

伊藤は、これからは国民の声を聞いて政治を行わなければならない、軍人が「政治家は軍事に口を出すな」というワガママを言うべきではない、と言い始めます。伊藤は文明国というのは選挙で選ばれた人が総理大臣になり軍隊もそれに従うものだと、文明国としての筋を通せと主張します。

これに対して山県は、現実に軍事がわからない政治家が軍隊に口出しして、おかしくなったらどうするのかと反対します。

筆頭元老の二人が喧嘩を始めてしまったので、止める人がいなくなるのです。これが禍根を残しました。

明治時代後半から大正時代にかけての大正デモクラシーは、官僚だけが政治を独占するなという政治家と、政治家にやらせたら国が滅茶苦茶になるではないかという官僚が戦った時代です。大正は十五年間、西暦で言えば一九一二年〜二六年です。紆余曲折の末に政治家が勝ち、大正十三（一九二四）年、二大政党が選挙の多数によって内閣を組織するという、「憲政の常道」が実現します。

ところが、二大政党は明けても暮れてもスキャンダル合戦です。新聞は政変やスキャンダルで面白い記事になるからと、政府の足を引っ張る野党を応援する煽り記事ばかり書く有様です。野党は官僚やマスコミと組んで、与党を引きずりおろそうとします。

外に目を向ければ、大国らしい振る舞いをしていません。日露戦争後、日本は朝鮮を正式に併合しました。大陸へも日本人がどんどん進出していましたが、ちょうど現在の北朝鮮の北側にあった満洲地方では、中国人による日本人への暴力や拉致が頻繁にありました。

外務省はロクな抗議もせず、軟弱な対応しかしません。

それでも経済がマトモだったら、国民も許したでしょう。ところが、十年も不況が続いてしまいます。

農村を中心とした深刻な恐慌も起こります。昭和恐慌です。子供たちが満足に食べられない、娘が身売りさせられるといった、悲惨な経済状況となりました。国民にも不満が広がっていきます。

そういう閉塞する状況を全部ぶち壊そうと、関東軍が満洲事変を起こすのです。

関東軍は、帝国陸軍が満洲に置いていた部隊の名称です。昭和六年九月十八日、南満洲鉄道の線路での爆発事件（柳条湖事件）をきっかけに、関東軍が出撃しました。この作戦を準備したのは、関東軍作戦主任参謀の石原莞爾中佐です。参謀の中ではヒラですから、一般企業でいえば課長にあたります。つまり、満洲事変を発端とした中国大陸での戦いは、課長が起こした戦争なのです。

なお、柳条湖事件は石原たちの自作自演です。この頃の軍のお偉いさんは、政治家に媚びて出世します。軍隊といっても、上部組織は政治と密接に関わります。内閣ができると陸海軍は大臣を出します。大臣を出さないと言って組閣を妨害し、政治家に嫌がらせをすることができますが、政治家の側も予算を承認しないとか、軍上層部の派閥争いに付け込むなど、対抗することもできました。大正から昭和初期は政党内閣の時代ですから、政治家の方が軍人より強いのです。そして軍高官は事なかれ主義で、満洲で中国人が嫌がらせをするのを放置します。現場にいる関東軍の軍人からしたら、「同じ日本人が虐められているのに、無視するのか⁉」です。これに対し、外務省とそれに追随する政府や軍は、「日本人と言っても、虐められているのは朝鮮人だろ？ ほっとけ」です。こうした空気なので、「中国人がテロを仕掛けてきた！」という口実で、現場で軍を出動させるしかないと思っていたのです。

当時は関東軍の自作自演だとはわかりません。「今は非常時だ！」と言われたら、現地にいる関東軍の行動を認めない訳にはいきません。満洲事変の勃発と進展に対して、高級軍人は何も対処できませんでした。部下に同情的だったり、自分の保身であったり、理由は色々です。軍上層部が下っ端を抑えられないので、政治家も対処できません。

国民は、拍手喝采で関東軍を応援しました。

収拾がつかなくなったところへ、昭和七（一九三二）年には五・一五事件が起こります。当時の総理大臣が白昼堂々、若い軍人に殺されました。「憲政の常道」は放棄されます。

世論は腐敗した政党政治ではなく、何か閉塞感を打破してくれるのではないか、と軍を支持しました。

その結果、昭和二十年の敗戦までの十三年間で、十三代の内閣が交代します。こうした体制で、昭和十二年からは支那事変（日中戦争）、十六年からは大東亜戦争（太平洋戦争）を行うのです。

ちょうど同じ頃、世界の主要国で指導者の交代が起こっていました。

ロシアでは革命でソビエト連邦が成立していて、この頃はヨシフ・スターリンが反対派に対する粛清によって君臨する体制となりました。

一九三三年一月には、ドイツでアドルフ・ヒトラーが政権を握り、一九四五年に滅びるまで独裁を続けます。

アメリカは、一九三三年にフランクリン・ルーズベルトが大統領となりました。本来は、任期八年で交代となるのですが、戦争を理由に延長され、一九四五年まで在任します。

イギリスも、第二次世界大戦が本格化する一九四〇年、ウィンストン・チャーチルが首相となり、一九四五年まで戦争指導を行います。

日本、イギリス、アメリカ、ドイツ、ソ連と、当時の五大国のうち、戦時にもかかわらず毎年総理大臣が代わっている国は、日本だけなのです。そんな状況で、まともな戦争などできるわけがありません。中国大陸の泥沼に引きずり込まれ、イギリスとアメリカに喧嘩を売り、最後はソ連にだまし討ちをされて、第二次世界大戦に負けてしまいました。

こうして大日本帝国は、灰となってしまいました。

第七節　国の進路を誤った政治家と軍人たち

日露戦争の勝利からたった四十年。世界に冠たる大日本帝国は、地球の地図から消えてしまいました。二百四十万とも三百十万とも言われる、多くの戦没者を出しました。

特に悲惨なのが、大正十（一九二一）年生まれの男子です。昭和二十年の時に、二十四歳です。四人に一人が戦死しました。

敗色濃厚の大戦末期は、多くの悲劇に見舞われました。

その究極が特攻隊です。自ら爆弾を抱いて、敵に体当たりするのですから、行ったら帰ってくることはできません。ただ、それまでの攻撃よりは、敵をたくさん倒せます。キルレシオといって、攻撃の有効性を測る指数です。特攻は唯一、この数字が一を超えた攻撃です。一人の死と交換に、多くの敵を殺傷したということです。特攻する兵にとっては、九死に一生ではなく十死零生です。極めて愚劣な作戦です。なぜそのようなことになったのでしょうか。

軍事がわかる、まともな政治家がいなかったからです。そして、軍人すら軍事がわかっていませんでした。

最初、日本はソ連を警戒していました。

日露戦争の後の日露協商で、ロシアは友好国となっていました。一九一四（大正三）年に始まった第一次世界大戦はヨーロッパの戦争でしたから、日本は対岸の火事の如く眺めていました。日英同盟の誼《よしみ》で、ドイツに対し宣戦布告します。そして東洋からドイツを駆逐しました。陸軍は中国から追い払い、海軍は太平洋から追い出します。帝国陸海軍は、それくらい強かったのです。

ところがロシアはドイツに対して劣勢で、大戦中に革命が起きて国が転覆してしまいます。ウラジーミル・レーニンという人が率いる共産党に国を乗っ取られました。レーニンはソ連を建国します。共産党とは、共産主義を掲げる政党です。共産主義とは、「全世界の政府を暴力で転覆し、世界中の金持ちを皆殺しにすれば、全人類が幸せになれる」との主張です。日本は十年の平和を楽しんでいましたが、突如として隣に危ない国が登場しました。

満洲事変も、ソ連への警戒からの行動なのです。事変後も、ソ連への警戒は続きます。しかし、「対支一撃論」と言って、「ソ連の前に支那（中華民国）に一撃を食らわせておけ」という主張で、支那事変が始まりました。

軍事的には連戦連勝です。しかし、中華民国は負けを認めません。日本の政治家や軍人は、「裏にイギリスがいて支援するから、奴らは抵抗を続けられるのだ」と考えるようになります。日英同盟はとっくに切れていて、この頃の日英関係は最悪になります。

そして、「イギリスを敵に回すということは、同じアングロサクソンのアメリカも敵に回すことになる」との思考回路になります。現にアメリカは何の関係もないのに、「中国をイジメるな！　これ以上続けると石油を売らないぞ！」と通告してきました。石油が無ければ戦いになりません。船も飛行機も戦車も動かせません。

日本は、米英を相手に宣戦布告しました。ソ連の片手間の、中国の片手間の、イギリスの片手間に、アメリカと戦うこととなります。

では、勝算があったか。何も考えていませんでした。軍人は「政治家は口を出すな」と言いつつ、彼らの考えた構想はデタラメでした。

そもそも、日本はなぜ米英と戦うのか。中国問題と石油です。ならば、イギリスはともかく、アメリカと戦う理由が無いのです。

石油が欲しければ、オランダの持つインドネシアに攻め込めばいいのです。インドネシアは石油が出ます。そして、これまた何の関係もないのに、「中国をイジめるな！」と、ちょっかいを出してきます。日本は理由があるから中国と戦っているのであって、一方的にイジめているわけではありません。だいたい、原因は満洲事変の前から中国にあるのですから。少なくとも、国と国との戦いでどちらかの国が一方的に悪いなんてありません。

と言っても仕方がなく、国際社会は生き残らなければ意味がないのです。

日本は石油を止められる。石油を持っている国が挑発してくる。ならば、奪えばよいのです。米英なんか無視して、オランダとだけ戦っていれば良かったのです。また、イギリスも石油が出るブルネイを植民地にしています。インドネシアの石油が足りなければ、ブルネイで補充すればいいのです。

実際の大東亜戦争では、オランダには九日、イギリスには二か月で勝っています。石油の話はそれで充分ですし、あとは中国問題だけです。イギリスの支援が無ければ、中国もいつまで抵抗できたかわかりません。

一方、アメリカはアジアに植民地はフィリピンしか持っていません。フィリピンに石油は出ませんから、アメリカと戦う必要はありません。「石油を売らないぞ」と言われても、「他で足りています」で終了です。さらに、当時のアメリカは大統領選挙で「戦争をしない」と公約していましたから、自分から日本に戦争を仕掛けることはできません。日本から仕掛けない限り、いくらアメリカが戦争を望んでも、戦うことはできないのです。

戦うことはできないとは、日本軍がフィリピンを素通りしてインドネシアに向かっている時、指をくわえて見ているしかできないのです。ところが日本は、わざわざハワイを爆撃してあげました。フィリピンは植民地で他人の土地ですが、ハワイはアメリカのれっきとした州（当時は準州）です。「アメリカ本土が攻撃された！」ということで、アメリカ人は激昂し、「日本が無条件降伏するまで戦いをやめない」と、頭に血を上らせてしまいました。

大東亜戦争で日本軍が戦った範囲を地図や地球儀で見ると、あきれるほど広大です。

東はハワイが最も本格的な作戦を行った土地ですが、カナダやアメリカ本土にも攻撃を加えています。

北はベーリング海のアッツ島で、アメリカ合衆国アラスカ州の手前です。

西は、戦線としてはインドが最西端ですが、日本軍はアフリカ大陸東側にあるマダガスカルまで行っています。

南はオーストラリアです。オーストラリアの手前のガダルカナル島は、日米戦争の天王山と化してしまいました。

戦いの順番で言うと、ハワイに攻め込んだら、ガダルカナルを守り切ろうとして失敗し、アッツ島で負け、最後はインドに突っ込んだ、という訳です。単に石油が欲しいだけなら、これほど戦域を広げる必要性はなかったのです。

この間、政府や軍の偉い人たちは、自分の立場を主張し、責任を擦りつけ合いました。そうした中で飛び出した作戦が特攻隊です。

軍人は戦場で成果を上げなければなりません。しかし、イギリスやオランダをやっつけたところで力尽き、圧倒的な物量を誇るアメリカと戦わねばなりません。しかし、一騎打ちなら何とかなる！

現場の軍人は「一人死んでも、それ以上に殺せる作戦」として特攻隊を立案したのです。昭和十九（一九四四）年のことです。一回やってみたら、上手くいきました。上手くいくというのは、戦いに勝てるという意味ではありません。「一人死んでも、それ以上に殺せる作戦」という意味です。特攻隊は、いつのまにかルーティンワークのように行われるようになりました。そうなると、アメリカ軍も備えるようになり、体当たりする前に撃ち落とされるようになります。

最後は、「お役所仕事の特攻隊」となりました。

第八節　正解を知らない、正論が通らない怖さ

現代を生きる我々にとって、特攻隊の皆さんをはじめとして、大東亜戦争で戦い、未来の私たちの為に死んでくださったご先祖様のことをどう捉えるかは、大問題です。遠い過去の話ではなく、我々の生き方の話です。

特攻隊に対する戦後の評価は、二つに分かれます。一つは「犬死に」、もう一つは「尊い」という正反対の極端な評価です。

「犬死に」とするのは、侵略戦争史観です。こういうことを言う人たちは、大東亜戦争は「日本が起こした悪い戦争」という見方をします。「日本は国際社会の信頼を裏切って侵略戦争をやり、しかも勝てなかったので、特攻隊に行った人たちは無駄に死んだだけだった」となります。

これに対して反発する人たちは、大東亜戦争を「アジア解放という大義に殉じた戦争」とします。聖戦史観です。だから、特攻隊は意味のない死だったのではなく、彼らは自分の命を捨ててまで大義のために戦ってくれた、尊い人なのだと評価します。

両方を読んでどう思ったでしょうか。

戦後長らく、侵略戦争史観が支配的な価値観でした。戦後七十年あまりが過ぎ、会ったこともない未来の我々のために命を捨ててくれたご先祖様を罵る侵略戦争史観は、いかがなものかと思います。

一方で、侵略戦争史観に反発し、大義のためだったのだから、特攻隊の批判を一切するなという聖戦史観の考え方も極端な評価です。

私は、特攻隊に行ってくれた人は、絶対に尊いと思います。しかし、行かせた人間は違います。ましてや、「特攻隊が尊いからと、大東亜戦争を批判するな」はお門違いです。批判を一切しないことで、特攻に行かせた人間の責任が見えなくなっていいとは思いません。

思想に対する価値観は、よく左右の区別で捉えられます。侵略戦争史観は左、聖戦史観は右とされるのが一般的です。ところが、左右の別だけでは見えないものがあるのです。左右をさらに上下で分け、四分割で考えましょう。左上・左下・右下・右上です。

左下は、日本は悪い国で、日本国が嫌いだから日本政府のやったことも全部批判するという立ち位置です。侵略戦争史観はここです。

これに対して、右下は日本国が好きだから、日本政府のやったことはすべて肯定します。失敗も含めて批判するな、ということです。これが聖戦史観の立ち位置です。

特攻に行かせた人間は、左下でも右下でもありません。左上です。左上は、日本国が嫌いなくせに、日本政府の権威・権力が大好き、という立ち位置です。政治や経済を通じて、実際に日本を動かす判断をする人たちにも、日本が嫌いな人がいるのです。

右上の立場は、日本が好きだからこそ、日本政府の失敗を批判します。

この左右上下の構図は、戦前も現代も同じです。

右上の人たちは、左下からは政府批判が中途半端だと非難され、右下からは国賊・売国奴扱いされます。政府を批判する健全な勢力の議論はどんどん小さくなっていき、権力を握る人たちは悠々と間違ったことをやり続けました。その結果が特攻に行かせたことであり、敗戦と、日本の歴史上はじめての外国による占領です。

もちろん自分の命を捨てて戦ってくれた人を批判する左下は論外です。では、その反対の右下ならば、それで正解なのでしょうか。

江戸時代の日本人は、何が正解かをわかっていました。そして明治に実行できました。アヘン戦争の時代の政治家など何の役にも立たなかったかもしれませんが、心ある人は勉強し、何が国を守る正解なのかを知っていました。その中から、実行できる人が出てきたのです。そして正論が通りました。

本章では大久保利通や伊藤博文ばかりを挙げましたが、吉田松陰、高杉晋作、西郷隆盛、木戸孝允、岩倉具視…。これらの人たちがいたから、生き残る可能性など一％もないような状況で、見事に生き残りました。

一方、昭和の指導者たちは、何をやっても滅びないはずの大日本帝国を亡ぼしました。何が正解かわかっていないからです。こんな状況で正論が通るはずがありません。

今の日本は、正論が通る世の中でしょうか。

第三章　危機にある皇室、日本が無くなる！

第一節　完全な亡国から救った昭和天皇と鈴木貫太郎

今の日本を見て、このままでは日本は滅びる！と思っていたら、甘いでしょう。日本は既に滅びています。

幕末の志士や特攻隊の若者たちは、なぜ、自分の命を捨ててまで戦ってくれたのか。日本が外国に媚びるような惨《みじ》めな国になるのが、嫌だったからです。敗戦以来、アメリカの持ち物にされ、ソ連や中国が「それを俺にも寄越せ」と、ちょっかいを出してくる。それどころか、北朝鮮や韓国にまで舐められています。

今の日本を、幕末の志士や特攻隊に行ってくれた若者が見たら、何と思うのでしょうか。彼らが無駄死にではなかったと自信をもって言える大人が何人いるでしょうか。

敗戦以来、七十有余年。日本の大人たちは、負けっぱなしでした。

では、いつまでも負けっぱなしなのでしょうか？

これからどうなるんですか？　なんて聞いても仕方ありません。我々が、どうするか！です。永遠に敗戦国のままでいるのが嫌なら、今の日本がどのような状況に置かれているかを学ぶのです。

なぜ、敗戦後の日本は、負けっぱなしだったのでしょうか。敗戦の時にまで、さかのぼりましょう。

昭和十九（一九四四）年七月、サイパン島が陥落しました。米軍の飛行機は、サイパン島からだと日本を爆撃して帰ってこられます。この時から日本列島は、米軍の空襲にさらされることとなります。三年以上も大東亜戦争を指導してきた東条英機首相も、責任を追及され退陣に追い込まれました。代わったのは小磯国昭首相です。なぜ小磯が選ばれたのか？「ヒマだった」からです。

戦争の真っ最中に、驚愕の理由での首相選びです。当時、四人候補者がいて、一人は責任をとるのを避けて他人に押し付け、もう二人は戦地にいて呼び戻せません。当時の小磯は、ほとんど戦火の無い朝鮮にいたので、「呼び戻すのが楽」という理由で選ばれました。

実にふざけた理由ですが、それでも結果を出せればいいでしょう。小磯の使命は、戦争をやめさせることです。しかし、緒戦の勢いはどこへやら、アメリカとその同盟国にリンチされている状態です。和平を言い出しても「降伏しろ」と言われて終了です。小磯も何とか連合国と話をしようと糸口を探しますが、まったく成果は出ません。そうこうする内に、四月に沖縄に米軍が上陸。小磯は自信を失って、内閣総辞職しました。

次の首相選びは難航しました。当時は重臣会議が推薦した候補に、大命降下します。大命とは「総理大臣を引き受けよ」との天皇の命令です。この時は、鈴木貫太郎海軍大将が推薦されました。長年、侍従長として昭和天皇に仕えた老臣で、七十七歳です。重臣会議で推薦されたら、そのまま総理大臣になります。本人がなりたいというのを、天皇が「お前はダメだ」と言わないのが大日本帝国憲法の運用でした。仮に天皇が「こんな人物を首相にしたくない」と言っても、権限がある訳ではないので、重臣会議に推薦されると決まりなのです。

ところが、鈴木は「自分は高齢で耳が遠いので自信がありません」と断りました。これに対し昭和天皇は、「頼む、鈴木！　もう、お前しかいない！」とすがりました。

天皇がこのような御発言をされるのは、異例です。本当に国を滅亡から救えるのは鈴木しかいないと、昭和天皇は見極められていたのです。ただし、鈴木が無責任な人物で「せっかくですが、お断りします」と責任から逃げれば、天皇にはなすすべがありません。

鈴木は内閣を引き受けました。とにかく、勝ち目がない以上、どうやって戦争をやめるかが、唯一最大の使命です。しかし、この期に及んでも「徹底抗戦」を叫ぶ頭に血が上った軍人を、なだめなければなりません。また、アメリカも戦争をやめる気は、まったくありません。

第二次世界大戦は、日独伊三国同盟と米英ソ中連合国の戦いでした。と言っても、連合国は協力しあっているのに対し、同盟国はアジアとヨーロッパで別々に戦っています。三国同盟は、一度として首脳会談も合同作戦会議も開いたことが無いという、何の為に結んだかわからない同盟でした。イタリアは早々と降伏し、ドイツも既に降伏直前でした。はっきり言ってしまえば、この時のドイツもイタリアも、日本の歴史と関係の無い国なのです。

一方、連合国から見たら、日本はドイツと同盟国ですから、「順番にリンチしよう」という相手です。米英はアジアで日本と、ヨーロッパでドイツと戦っています。ソ連はヨーロッパではドイツと戦っていますが、日本とは中立条約を結んでいます。

こうした状況で、日本の徹底抗戦派は「ソ連を仲介とした和平ならば、交渉を認める」というよくわからない提案をしてきました。「米英とは戦っているが、ソ連とはまだ戦っていないから」くらいの理由しかありません。もちろんソ連は共産主義の国で、信用などできるはずがありません。現にドイツの滅亡が明らかになった時点で「中立条約を更新しない」と通告してきています。そして現場の外交官からは、「ソ連は日本と戦争をする準備をしている」という情報が入ってきているのですが、自分の主張を覆すような情報は無視です。希望的観測で、「ソ連が攻めてくるはずがない」と思い込んでいるのです。

結果的に、徹底抗戦派は「頭が悪い人たち」でした。しかし、その「頭の悪い人たち」の意見を無視することはできません。「戦争をやめよう」と言った瞬間、天皇でも首相でも殺しに来かねないほど、頭に血が上っているのですから。

鈴木首相は、「徹底抗戦」を叫びながら、チャンスを待ちます。連合国はポツダム宣言を発し、日本に対し降伏を要求してきました。ポツダム宣言は十三か条です。

第一条から第四条までで、「日本に戦争終結の機会を与える」「こっちは国力も大きいし、数倍の軍事力を持っているぞ」「言うことをきかないと、日本軍は完全に壊滅、日本の本土は完全に破壊するぞ」「理性を取り戻せ」と悪口の限りを尽くしています。条約としての中身はありません。重大なのは第五条で、「吾等ノ条件ハ左ノ如シ」と六条から十三条までの条件を示しています。軍は武装解除して、軍人は家庭に帰って平和な生活をする機会を得るべきだとか、民主主義を取り戻せなど、どのようにも解釈できる好き勝手なことが書かれているのですが、少なくとも米英中の首脳は条件を提示してきました。

教科書にも「日本は無条件降伏をした」と書かれていたりするのですが、間違いです。ポツダム宣言自体が条件の列挙なのですから、ありえません。

それはさておき、ポツダム宣言を受け入れるかどうかで、日本国内は和平派と徹底抗戦派が大論争をします。ここまで来たら徹底抗戦派の首脳も、もはや勝ち目のないことはわかっています。しかし、首脳たちだって部下から突き上げられているのです。彼らもまた、「和平」と一言口にしただけで、裏切り者として殺されかねません。ポツダム宣言を受け入れるか否か、会議のたびに両者が同じ主張を繰り返し、時間だけが過ぎていきます。

そうした中、悲劇が起きました。

八月六日、アメリカは広島に原爆を落としました。当時はどんな兵器か、正確な被害者数もわかりません。ただ、一発の爆弾で万を超える日本人が殺されたことだけは伝わってきます。

八日、ソ連が満洲に攻め込んできました。中立条約など無視です。だまし討ちで奇襲され、阿鼻叫喚の地獄絵図です。

そして九日には、長崎に原爆が落とされました。

ここで、鈴木首相は一気に動きます。手続きも何も飛ばして、御前会議を要請しました。本来ならば政府と軍の合意ができてからでないと御前会議は開けない決まりなのですが、「今はそういう場合ではない」と押し切りました。

会議は和平派と徹底抗戦派が三対三に分かれました。こういう時は、首相の一票で決めるものです。「責任は首相が引き受ける」というのが帝国憲法の決まりなのです。

しかし、鈴木首相はあえて自分で決めませんでした。「事はあまりにも重大です。会議は御覧の通りの状態です。陛下、畏れ多いですが、お決めください」と申し出たのです。会議に緊張が走ります。大日本帝国開闢以来、初めての事態です。誰もが昭和天皇のお言葉を待ちました。

昭和天皇は「和平」を告げられました。そして、滔々と理路整然と、もはや徹底抗戦が不可であることを説かれました。和平派も抗戦派も、等しく涙を流しています。ここまで追いつめられるまで、何も決められなかった自分たちの不甲斐なさに。

これが、いわゆる終戦の御聖断です。

その後も紆余曲折はありましたが、日本はギリギリのところで、完全な亡国だけは免れました。

第二節　日本人全員が守ろうとした大切なもの

ポツダム宣言は無条件降伏を求めていません。日本も和平の条件をつけました。

最後の御前会議で、和平派と徹底抗戦派は、どのような条件をつけるかで争っていたのです。和平派は一条件に絞るべきとし、徹底抗戦派は四条件をつけるべきだとしたのです。徹底抗戦派が主張した三つの条件とは、軍隊を解体しないこと、戦争犯罪に対する裁判を自分たちの手でやること、外国の占領は短期間であることとです。連合国が最初から認めないことが明らかな、「一応、言ってみよう」程度の見込みしかない条件です。和平派は、一つの条件に絞りました。「国体の護持」です。これは徹底抗戦派と共通です。

今では「国体」という言葉は使われなくなってしまいましたが、国家体制のことです。歴史上、摂関政治や幕府政治、明治維新後の民主政治など、日本は色々な政治体制を経験していますが、そのいずれの政体の時にも、常にその上には皇室があります。これが日本の歴史にもとづく国家体制です。「国体護持」は、これを変えさせないことをいいます。

日本政府は国体護持を条件として、ポツダム宣言の受諾を伝達しました。連合国は「究極の政治形態は日本国民が自由に表明した意思によって決定される」と曖昧な返事です。これでは、「国民の多数決で天皇制廃止」などとやられかねません。

しかし昭和天皇は「国民を信じよう」と、再び御聖断を下されました。一日も早く戦争を終わらせ、国民が苦しむのを止めようとしたのです。

神武天皇の伝説以来、史上初めて日本は外国に占領されることとなりました。しかし、完全に滅びた訳ではありません。なぜなら、皇室が存在しているからです。国の形さえ変えられなければ、完全に滅んだことにはならない。たった一回くらい戦争に負けても、何度でもやり直せる。それが当時のほとんどすべての日本人の考えだったのです。だから、徹底抗戦派はもちろん、和平派も「国体護持」だけは絶対に譲れない一線だったのです。

国家のあり方を民主的に決めようという動きは、この当時の世界のトレンドです。実際に一九四六年六月、イタリアでは国民投票によって君主政が廃止されます。以来、イタリアは共和政となり、亡命した王様は二度と祖国の土を踏むことができませんでした。

東欧はもっと悲惨でした。第二次世界大戦のヨーロッパ戦線は、ナチスドイツに占領された東欧の解放を目的として始まりました。ナチスとは、アドルフ・ヒトラーが率いる独裁政党です。ヒトラーは「世界中のユダヤ人を皆殺しにしろ！」と宣言し、本当に何百万人もの人々を殺しました。ユダヤ人だけでなく、身体障碍者や浮浪者など、多くの人々を。東欧諸国は、ヒトラーに侵略されていきました。

連合国は、何とかナチスを追い出しました。しかし、その為に共産主義国のソ連の力を借りました。当時のソ連は、スターリンという、ヒトラー以上の独裁者が支配していました。東欧諸国は、今度はスターリンに征服され、約四十五年もソ連の圧政に苦しめられることとなります。

この過程で、東欧諸国の王様は、全員が追い出されてしまいました。ヒトラーの征服によりユーゴスラビアとアルバニアで王制が廃止され、スターリンに征服されたハンガリー、ブルガリア、ルーマニアでも次々と王制が廃止されました。その国を支配しようとする独裁者にとって、王制は邪魔なのです。そもそも、王様がいては、独裁者は一番偉い人にはなれません。そして外国を支配する場合、王様がいたらその民族が結束します。だから、スターリンなどは、国民投票で王制を廃止させました。国民投票でイタリアの王制を廃止させたアメリカは、日本でも同じことを企んでいたのでした。

では、ポツダム宣言を受諾した日本では、どうだったでしょうか。

国民は皇室の存続を支持しました。連合国による世論調査では、国民のほとんどが天皇制廃止など考えていません。天皇制廃止を言っていたのは、共産主義者ら戦前から「変わり者」と思われていた少数の人たちだけです。九九％の日本人は、皇室を廃止するなんて考えてもいませんでした。昭和二十年十二月十九日の内閣情報局世論調査課「憲法改正に関する世論調査報告」（国立国会図書館ホームページ―日本国憲法の誕生　資料と解説）

という資料によれば、憲法改正に関する調査で二百八十七件の回答が寄せられ、「天皇制廃止」に言及したのは三件だけでした。こちらは幅広い層を対象としたアンケートです。

また、敗戦前には政治犯として収監されていた共産主義者が、敗戦に伴って釈放されるに従って、朝日新聞をはじめとするメディアが「天皇制を支持するか否か」の世論調査を始めています。東大生に対して行われた世論調査では、天皇制廃止を回答したのは一割です（冨永望『昭和天皇退位論のゆくえ』（吉川弘文館、二〇一四年）。こちらはかなり偏った層に絞った調査ですが、それでもこの数字です。東大は戦前から「皇室を批判することがインテリ」のような学校でしたが、それでもこれです。

敗戦という未曾有の事態の中で、他のすべてを奪われても、皇室さえあればいくらでもやり直せると考える人が大多数でした。

我が国の歴史が始まって以来、「日本が日本であり続ける」にはこの一点さえ守れたら滅びたことにはならない。その一点とは皇室である。これは、昭和二十年八月十五日当時の日本国民みんなの想いです。

難しいことはさて置いても、ほとんどの日本人が、皇室こそが日本の歴史なのだとわかっていたからです。

第三節　皇室の歴史は日本そのもの

我が国は、天皇陛下や皇室が常に中心にあります。いつの時代も変わらない事実です。それは『古事記』を読むと、よくわかります。上中下の三巻に分かれていて、神話・伝説・歴史で構成されています。

最初の上巻は「神代編《かみのよへん》」、つまり神話の時代です。そこで、最初から「これは事実ではないです」と断ったうえで、天地開闢と神様のお話を始めています。とても正直に、神話と史実をはっきり区別しています。

次の中巻と下巻が「人代編《ひとのよへん》」です。

神代から人の世に変わる時に、初代神武天皇から始まります。これは伝説の時代で、第十五代応神天皇までの物語です。伝説というのは「本当かどうかはわからないけれども、そう伝わっている」事柄のことです。

下巻からが歴史です。第十六代仁徳天皇から、第三十三代推古天皇までの時代が記述されています。『古事記』の編纂は、第四十代天武天皇の時に始まり、その事業を引き継いだ第四十三代元明天皇の時に完成し、献上されます。編纂が始まった頃は、推古天皇の御在位時代から八十年ほど、完成した当時でも百年ほどです。あまりにもおかしなことを書けば「それは事実と違う」と言われてしまうくらい、近い時代のことを書いています。『古事記』から読み取れるのは、「初代の天皇は神武天皇であると語り継がれてきた事実」と、その後に幾代もの天皇が皇位を継いできた事実です。初代神武天皇から始まり、第百二十六代の今上陛下まで、日本の皇室は一度も途切れることなく続いています。日本の歴史とは、皇室のことなのです。

皇室のあり方も、歴史を通じて変わりません。大乱の時も、敵が攻めてきた時も、大災害の時も、天皇陛下と皇室が国民の中心でした。

外国の王様は、敵に攻められた時には真っ先に亡命します。最近でも、一九九〇年にイラクがクウェートに侵攻した湾岸危機の時に、クウェートの王様（首長）が真っ先に亡命しました。国民を見捨てて、自分だけ逃げたのです。

昭和天皇は、東京大空襲でお住まいを焼かれましたが、吹上の御文庫を仮御所として、最後まで国民と共に留まり、共に敗戦を迎えました。

敗戦当時まだ幼く、長野県へ疎開されていた現在の上皇陛下は、東日本大震災で原子力発電所が爆発を起こした時も、ずっと皇居に留まっていらっしゃいました。あまつさえ、電力供給が逼迫して色々な自治体が順次、計画停電を行った際にも、皇居では毎日、御所の電源を落として、電力のない状態でお過ごしになりさえしました。

日本の皇室は、国民の上にあるのではないのです。戦前も戦後も変わらずに、国民の中心におわすのです。戦後、日本は大きく変わりましたが、天皇を中心とした歴史は変わらず続いています。

危機が訪れたのは、平成十八（二〇〇六）年のことです。

この時、皇室は滅亡の淵に瀕していました。昭和四十（一九六五）年生まれの秋篠宮文仁親王殿下を最後に、皇室には女の子しか生まれていなかったからです。

現在、皇位継承の資格が認められているのは、男系男子だけです。男系継承の原則は、二千年以上続く日本の歴史の中で、ただのひとつも例外がありません。女性が皇位に就いたことは少ない例としてありますが、それも事情があって男系男子に皇位を引き継げない時の中継ぎで、男系の女子に限られています。これにもまた、ただのひとつも例外はありません。平成十八年当時、このまま何もしなければ、皇室は後を継ぐ男子が誰もいなくなってしまう状況だったのです。国体の危機です。

当時の政権は、世論に空前のブームを巻き起こした、小泉純一郎内閣です。三次にわたる内閣を組織しましたが、その最後に女帝・女系論が持ち出されました。平成十七（二〇〇五）年の「皇室典範に関する有識者会議」です。十一月二十四日に出された報告書では、皇位の安定的な継承を維持するために、男系継承がきわめて困難として「皇位継承資格を女子や女系の皇族に拡大することが必要」「女性天皇・女系天皇への途を開くことが不可欠」と結論しています。

これは、神話の時代から続く皇室を、これまでとはまったく異なる考え方で、他のものにしてしまうことを意味します。

報告書が出されたすぐ後、平成十八（二〇〇六）年正月に行われた宮中歌会始で、秋篠宮文仁親王殿下、紀子妃殿下は、ご夫婦そろって「コウノトリの歌」を詠まれました。

文仁親王殿下
「人々が　笑みを湛へて　見送りし　こふのとり今　空に羽ばたく」
文仁親王妃紀子殿下
「飛びたちて　大空にまふ　こふのとり　仰ぎてをれば　笑み栄えくる」
（宮内庁　平成十八年歌会始御製御歌及び詠進歌）

コウノトリは、子供を連れてきてくれる鳥とされます。ご夫妻の決意が伝わってきます。この時、紀子妃殿下は三十七歳です。医療の発達した現代でも、出産は命がけです。そして、お生まれになったのが悠仁親王殿下なのです。

悠仁親王殿下の御誕生に、日本中が沸き返りました。同時に、舌打ちした人もいるでしょう。「せっかく日本の歴史を作り変えることができる寸前だったのに」と。

圧倒的多数の日本国民の歓迎と、一部の邪《よこしま》な人々の悪意――。

神武天皇以来、一度の例外もなく継承されてきた我が国の男系継承の歴史は、悠仁親王殿下の誕生により、つながることとなりました。たった一本の糸で。悠仁親王殿下は、生まれた時から日本の歴史をつなぐのか、それとも終止符を打つのか。宿命を背負ってお生まれになってきたのです。

あれから十三年、現在の状況はどうなったでしょうか。

今上陛下には親王がおられません。今上陛下と秋篠宮文仁親王殿下は同世代のご兄弟ですから、いずれ悠仁親王殿下に皇位が継承されます。悠仁親王殿下がご結婚できる年齢になるのは間もなくです。その時に男の子が御誕生されれば、皇室はこれまでと同じように無事に続いていきます。

世間一般でも晩婚化や少子化が社会的な問題になっていますが、皇室の場合はそれどころではありません。御結婚されない、子供はいらないということになれば、日本の歴史自体がそこで終わるからです。日本がこれまでの日本ではなくなるのです。

日本の歴史は悠仁親王殿下の御世継ぎ問題にかかっているのであり、おひとりがお支えになっている状態です。そして将来、殿下の奥方となられる女性にかかる重圧は、絶大となるでしょう。

日本が日本でなくなってもいいと、日本人が思った瞬間に、日本ではなくなります。もし日本人の多数がそう思ったら、どんな負け惜しみを言っても止めようがありません。

しかし、幸いに圧倒的多数の日本人は皇室が無くなっても良いと考えてはいません。つい最近の「令和フィーバー」を見ても明らかでしょう。

では、どうやってこれまでご先祖様から受け継いできた日本という国を、これからも守っていくのでしょうか。すなわち、どうやって悠仁親王殿下をお守りするのか、です。

第四節　皇室を語るときは「先例、男系、直系」の三原則を

皇室について語るとき、大事にしなければならない原則があります。

先例、男系、直系です。

皇室の歴史は、神武天皇以来、二千六百七十九年を数えます。伝説の時代を除いても、聖徳太子からでも千四百年です。その間、良いことも悪いことも、色々ありました。一口に語れません。それをあえてわかりやすく語ろうとした時、「先例、男系、直系」の三つの原則が大事になります。

この三つは、どれが欠けても皇室の歴史は語れません。そして、大事なのが順番です。繰り返します。皇室のお話では、常に「先例、男系、直系」を忘れないでください。まず、最も大事なのは「先例」です。皇室は歴史的存在ですから、歴史を大事にします。だから、先例を大事にするのです。

日本は幸いなことに、日常的な戦乱や飢餓で明日をも知れないという国ではありません

でした。大乱や飢饉、大災害で苦しむことは、非日常です。だから「昨日と同じ今日を明日も続けよう」と、堂々と言える国です。

伊勢神宮には、『古事記』に登場する神様が祀られています。伊勢神宮の正式名称は、単に「神宮」です。この世で最も格式の高い神社です。

伊勢の神宮では、日別朝夕大御饌祭《ひごとあさゆうおおみけさい》という神事が行われています。日別朝夕大御饌祭は毎日二回、清浄な火と水で調えた食事を神様に差し上げ、国と国民の平安を祈り、感謝します。お食事は何でもいいのではなく、決められたものを、決められたとおりに朝夕お供えします。これがどのような時にも欠かさず行われ、千四百年以上続いています。「昨日と同じ今日が明日も続きますように」とお祈りしているのです。

戦争や災害などでつらいことがあっても、日常を守っているのです。神道においては、日常を守るとは人々の日々の暮らしを守ることであり、国を守ることとなのです。

日本では、国を守るという想いは、宗教が違っても同じです。

平安京は、千年の都でした。天皇陛下がおわす御所から見て、縁起が悪いとされる「鬼門」の方角には、比叡山延暦寺が建てられています。鎮護国家を祈る仏教のお寺です。

延暦寺の根本中堂には、開祖である伝教大師最澄が灯した法灯が現在も灯り続けています。毎朝のお祈りの時、油をひと差しだけ注ぐのです。延暦寺は有名な織田信長の焼き討ちを含め、三回も燃えています。しかし、その都度分灯した火を戻しました。だから、千二百年前に最澄様が灯した火は、今も燃えています。この火は、「不滅の法灯」と呼ばれています。

神宮で神様に毎日お食事を供えることや、不滅の法灯に毎日ひと差しの油を注ぐことも、単純な行為です。それ自体に意味はありません。

では、世界の誰が、今から「不滅の法灯」を作れるでしょうか。いかなる権力者も、その時代で力を持っているにすぎません。だから、「今すぐに不滅の法灯を作ろう」など、不可能なのです。歴史は、個人の力を超越しているのです。

もちろん、不滅の法灯より強い光を放つ道具を作ることはできます。灯籠《とうろう》の火より、電球の方が光は強いでしょう。では、不滅の法灯を電球に取り換えて、意味があるのでしょうか？　そして、一度でも消してしまったら、「不滅」ではなくなるのです。

また、日別朝夕大御饌祭は、灯籠のような形あるものですらありません。

気づきましたでしょうか。敗戦間際の日本人が、すべてを投げ出して守ろうとした、国体が何なのか。

国体とは、目に見える形あるものではなく、日本人が受け継いできた目に見えない歴史のことなのです。皇室とは、日本が日本である歴史を体現する存在なのです。

昨日まで受け継いできた歴史を守る限り、日本は滅びたことにはならない。

戦争で徹底的に打ちのめされ、国民は衣食住を奪われても、何度でもやり直せる。そして、実際に日本は奇跡の復興を成し遂げました。軍事力や経済力のような物質力で打ちのめされても、決して心までは負けなかった。確かに今の日本を見たら幕末の志士や特攻隊の皆さんはお怒りになるでしょうが、ギリギリのところで完全な亡国から逃れ、なんとか生き残っているのも、また事実です。

皇室の歴史は、先例の積み重ねです。「毎日、朝起きて灯籠に油を注ぐのは面倒くさいから電球に取り換えよう」とならないのが皇室です。だから、先例が大事なのです。

先例を大事にする重要な理由があります。今の時代を生きている人間の多数決は、所詮少数派にすぎないという考え方があるからです。これは、十八世紀後半のヨーロッパで生まれた「保守」という考え方です。

一七八九年七月十四日、フランス革命が起こります。革命は社会のリセットです。誰か頭の良い人が考えた、矛盾のない世界を作ろうとすることです。

フランス革命で行われたことの一つは、暦の改変です。当時の教会暦を大きく変えて革命暦とします。教会暦は、現在も広く使われているグレゴリオ暦のことです。革命暦では一年十二か月の各月の呼び名を変えたほか、一週間が七日だったのを十日にし、十日目を休日と定めます。一か月は十日単位が三つで三十日、一年は十二か月で三百六十日になりました。グレゴリオ暦での一年は三百六十五日なので、余った五日を革命祭典日にあてるというやり方です。「ひと月がバラバラなのは不合理だ」という訳です。

ところが、合理性で決められた革命暦はどうしても季節とズレてしまい、不自然です。革命派に「不合理だ」とされたグレゴリオ暦は、太陽の周期にできる限り合わせた暦ですから、人間の生活にあっています。頭の中で考えた理屈は、実際的ではないのです。

そこで、伝統や歴史を大事にしようと考えたのが、「保守」なのです。世の中は理屈だけでは解決できないのだから、常識を大事にしようという考え方です。

対岸のイギリスでは、政治家のエドマンド・バークがヨーロッパの秩序を破壊するといって、革命批判を展開します。フランス革命で負傷しロンドンに亡命したルネ・ド・シャトーブリアンは、一八一八年に『Le Conservateur』（保守主義者）という政治雑誌を作りました。その後、一八三〇年代には、イギリスの政党にConservative Party（保守党）という名前の政党が生まれ、十九世紀末にはヨーロッパで「保守」を冠した団体がたくさんできていきます。これが「保守」のはじまりです。

フランス革命は、理屈が高じてたくさんの血を流すことになりました。その最たるものが、一回の投票で王様を処刑してしまったことです。

ヨーロッパ社会にとっても大変な衝撃です。王様を処刑してしまった後のフランスは、八十年にわたって共和政と王政復古、帝政、また共和政と政治体制がコロコロ変わり、最後にはプロイセンとの戦争に負けた挙句、内戦で国民同士が殺し合う凄惨な結果をもたらしました。

こうした苦い経験をしたので、王様の処刑を決定した時の民主主義は、フランスの歴史の中で正しかったのか、と考えるのが保守の視点です。

しょせん、一時の多数決は、歴史の中では少数派にすぎないのだという考え方がヨーロッパ保守の原点です。

日本が神話の時代からやっていたことに、ヨーロッパ人は二百年前に気付いたのです。「その時点で合理的だと思えることも、実は不合理かもしれない。自分たちの長い歴史を大切にしなければならない」ということに。

この考え方は、日本の歴史の中心に皇室があり、先例にこだわることと共通するところがあります。先例を大事にするということは、誰か頭の良い人や、権力者の考えで勝手なことをするな、という意味だからです。摂関政治の藤原氏も、幕府を開いた歴代武家政権も、どのような権勢をふるっても先例の壁を破ることはできていません。皇室自身が先例を大事にして、掟、つまり法として守ってきたからです。

皇室の歴史は、「発明」ではなく「発見」です。誰かの頭の中だけで考えた「僕の理想の皇室」で勝手なことをするのではなく、歴史に学びます。すると、長い間、ずっと守られてきた先例がわかるので、それを大事にするのです。法は「制定」するものではなく、「発見」するものだという思想のおおもとは、日本では皇室の歴史にあるのです。

そして、皇室の歴史を振り返った時に、一度も破られたことのない先例が男系継承です。現在までの百二十六代に北朝の五代を合わせて、これまで百三十一代の天皇がいらっしゃいます。全員が「男系」です。このうちの百二十一代の天皇は、全員が「男系男子」です。八方十代の天皇は例外で、「男系女子」です。すべての天皇は、「お父さんのお父さん……」をたどってご先祖様にさかのぼっていくと、必ず神武天皇にたどり着きます。この先例だけは一度も破られたことがありません。

神武天皇以来、一度も途切れることなく守られてきた「男系継承」という先例は、掟と同じ意味です。掟は、その社会で疑問の余地なく守るべきものとされる基本の法です。

これは、いついかなる時も先例を守らなければならない、あるいは、どんな些細な問題でも先例に従えということとは違います。

たとえば、天皇陛下の御体にたとえ治療といっても針を刺すといったことは、忌避される時代もありました。昭和天皇は、そんな不合理なことはしなくていいと言って、手術でメスを入れさせたと聞きます。すべての先例を守らねばならない訳ではありません。また、時の権力者の横暴で行われた出来事は、先例とされません。

それに対して、皇位継承のような最も重要な話では、先例を大事にして、何が掟なのかを先例の中で発見しましょう、と考えます。それでも、どうしても先例を守れない時というのはあります。これを「不吉」と言い、先例にないことを「新儀」といいます。

史上初めて譲位が行われ、上皇が登場したのは、六四五年の大化の改新の時です。宮中大極殿で、皇極天皇の目の前で重臣殺害が起こります。皇極天皇の子、中大兄皇子による政変ですが、天皇は弟の孝徳天皇に位を譲り、皇祖母尊《すめみおやのみこと》の尊号を上《たてまつ》られました。この時に定められた「大化」の元号も、公式に初めて元号が使われた例です。

天平元（七二九）年の長屋王の変では、民間人の皇后が初めて登場します。光明皇后です。皇室と結びついて重職を歴任した藤原氏による政変で、皇族の重臣を朝廷から排除すると、聖武天皇の夫人となっていた藤原不比等の女、藤原光明子が立后し、皇后となりました。

天皇になったことのない皇族の方が上皇になる、不登極帝が初めて登場したのは、承久三（一二二一）年の承久の乱の時でした。鎌倉幕府に対して挙兵した後鳥羽上皇が戦で負け、上皇に連なる皇族が一斉に配流されてしまいます。後鳥羽上皇の孫の仲恭天皇が廃位され、後堀河天皇が立てられますが、時に十歳です。そこで、後堀河天皇の父で後鳥羽上皇の兄にあたる守貞親王を立てました。出家していたところを、いきなり上皇となり後高倉院と称されます。

いずれも不吉の時に新儀が行われています。

近代では、終戦の玉音放送の例があります。それまでは、天皇陛下の肉声が一般国民に広く聞かれることはありませんでした。これも敗戦という、これ以上ない不吉なときの出来事です。

最初は不吉でも、一度行われれば後の先例となることもあります。譲位は、その後数多く行われましたし、玉音放送も、今の上皇陛下の御在位中には「ビデオメッセージ」と称して二回行われています。

不吉から始まった新儀が先例となることは、皇室においてよくあります。しかし、無理矢理やることではありません。

第五節　男系継承は男性排除の論理

これまでの歴史で一度も破られたことのない「男系」という先例には、重要な理由があります。民間人の男性を皇室に入れないためです。

光明皇后の先例以来、もともと民間人だった女性は皇族になれます。ところが、民間人の男性で皇族となった人は一人もいません。男系継承が女性差別だと言われることがありますが、男性排除のためなので、男性差別です。子供を産むことのできる女性だけが、皇族になることができます。

これは同時に、女系の皇位継承の否定でもあります。

奈良時代の終わり頃、弓削道鏡という人がいました。お坊さんです。称徳天皇の時代に、僧侶ながら政権を執り、やりたい放題の政治を行いました。称徳天皇は女性天皇です。聖

摂関政治の仕組み

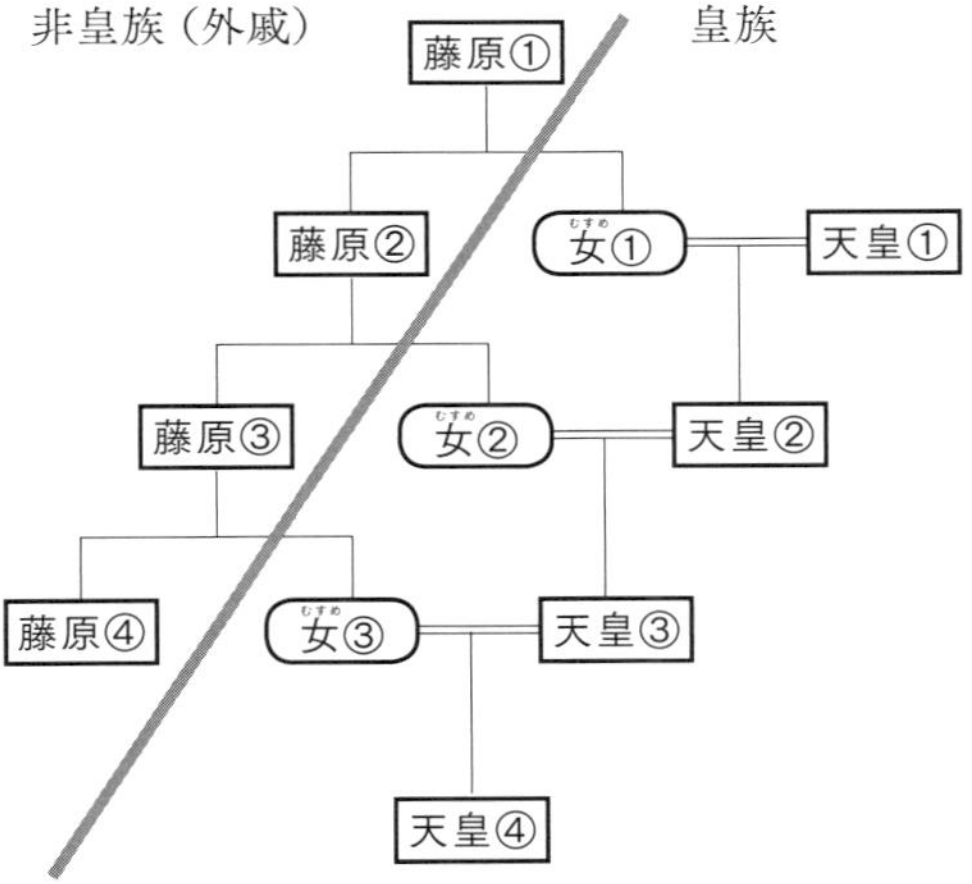

倉山満・平井基之『理数アタマで読み解く日本史 ―なぜ「南京30万人」「慰安婦20万人」に騙されてしまうのか？』（ハート出版、2018年）P.123より

武天皇の皇女で、二度皇位に就いた方です。

称徳天皇には子供がありません。そこで、道鏡に皇位を譲る画策がなされますが、失敗に終わります。

これが仮に、女系が許されるのであれば、称徳天皇は道鏡と結婚して、生まれた子供を天皇にすればいいことになります。これができないのは、民間人の男性が皇族になれないのと同時に、民間人男性との間に生まれた子も皇族ではないからです。皇族ではない人が皇位を継ぐことは、当然できません。「君臣の別」があるからです。どんな偉い人も、民間人の男は皇族になれないのです。

そこで、平安時代に権勢を振るった藤原氏は、娘と天皇を結婚させるという方法で権力を握りました。摂関政治です。

娘と天皇が結婚して天皇の子が生まれると、さらに娘を嫁がせるという二重・三重の姻戚関係を結びます。娘の生んだ子が天皇となると母方の親族として後見し、権力を握るのです。藤原氏は平安時代四百年の間、延々これを繰り返します。

藤原氏による摂関政治の最盛期、平安時代中期は、藤原氏一族の中でも競合が激しく、外戚の地位を安定させた家が勝ちます。ここで起こったのが、自分に都合の悪い天皇が現れた時に、イジメて辞めさせるという事態です。

藤原氏の中でも、この最盛期に権勢を振るったのが藤原道長です。十一世紀初頭に在位した三条天皇は、失明するまで追い詰められました。道長が何をやったかというと、三条天皇のやりたいことを、ことごとくボイコットすることです。三条天皇が藤原済時《なりとき》の娘の娍子《すけこ》を立后したいと言った時には、謹んで承ったうえで、自分の娘妍子《きよこ》の参内を同じ日にぶつけて、娍子の立后の儀式に公卿がほとんど出席しない状態にするなど、一事が万事この調子で陰湿なイジメを繰り返しました。祭事での勅命無視などまだかわいいほうで、三条天皇が眼病平癒の祈禱をさせるため使いを出そうとしたら、使いに選ばれた公卿の邸や御所に死体が置かれて妨害される有様です。

御譲位にしても、三条天皇の御在位中には御所で火事があり、せめて譲位するなら新しく再建された御所で儀式を、という希望だったのが、なんと内裏が再び火災で焼け落ちました。さらに、譲位にあたって娍子が産んだ子、敦明親王を次の皇太子に立てますが、これでは外戚になれない道長は圧力をかけ続けます。ついに、敦明親王は皇太子を辞退しました。三条天皇崩御の三か月後のことです。しかも敦明親王の辞退からわずか二日後、道長の娘彰子の子、敦良親王の立太子の儀式が盛大に行われる始末です（土田直鎮『日本の歴史5　王朝の貴族』中公文庫、二〇〇四年）。

なぜそこまでと思うような道長の所業ですが、これも男性排除の論理が厳然と生きているからです。自分で天皇や皇族になれないから、何とか娘の婿や子供を天皇にして影響力を保とうとしたのです。言ってしまえば、それしかできないのです。

これが外国なら、自分が王様に取って代わって終了でしょう。

第六節　歴史を守る方法は先例から探せ

先例を学ぶと、皇位継承すなわち男系とわかります。では、男系であれば何でもいいかというと、そうではありません。皇室の歴史は、どの男系に皇位の直系が受け継がれるのかという、戦いの歴史だからです。

誰の子孫が皇室の直系を受け継ぐかの争いが最も激しかった例の一つが、奈良時代です。六七一年に天智天皇が崩御すると、翌年には皇位継承をめぐり大乱が起こります。壬申の乱です。天智天皇の弟の大海人皇子と、子の大友皇子の争いです。

大友皇子は、天智天皇の崩御で践祚したはずだったのですが、その直後に大海人皇子に攻められて亡くなります。長い間、践祚したことが認められず、およそ千二百年後の明治三（一八七〇）年になって、弘文天皇の諡《おくりな》が贈られました。つまり、天皇になったこと自体を長らく否定されていたのです。

壬申の乱に勝った大海人皇子は、皇位を継いで天武天皇となりました。当然、自分の子孫に皇位を継承させようとします。

天武天皇の息子である草壁皇子が若くして亡くなると、その皇子（天武天皇の孫）の文

天智系に敗れた天武系

○は天皇の歴代順

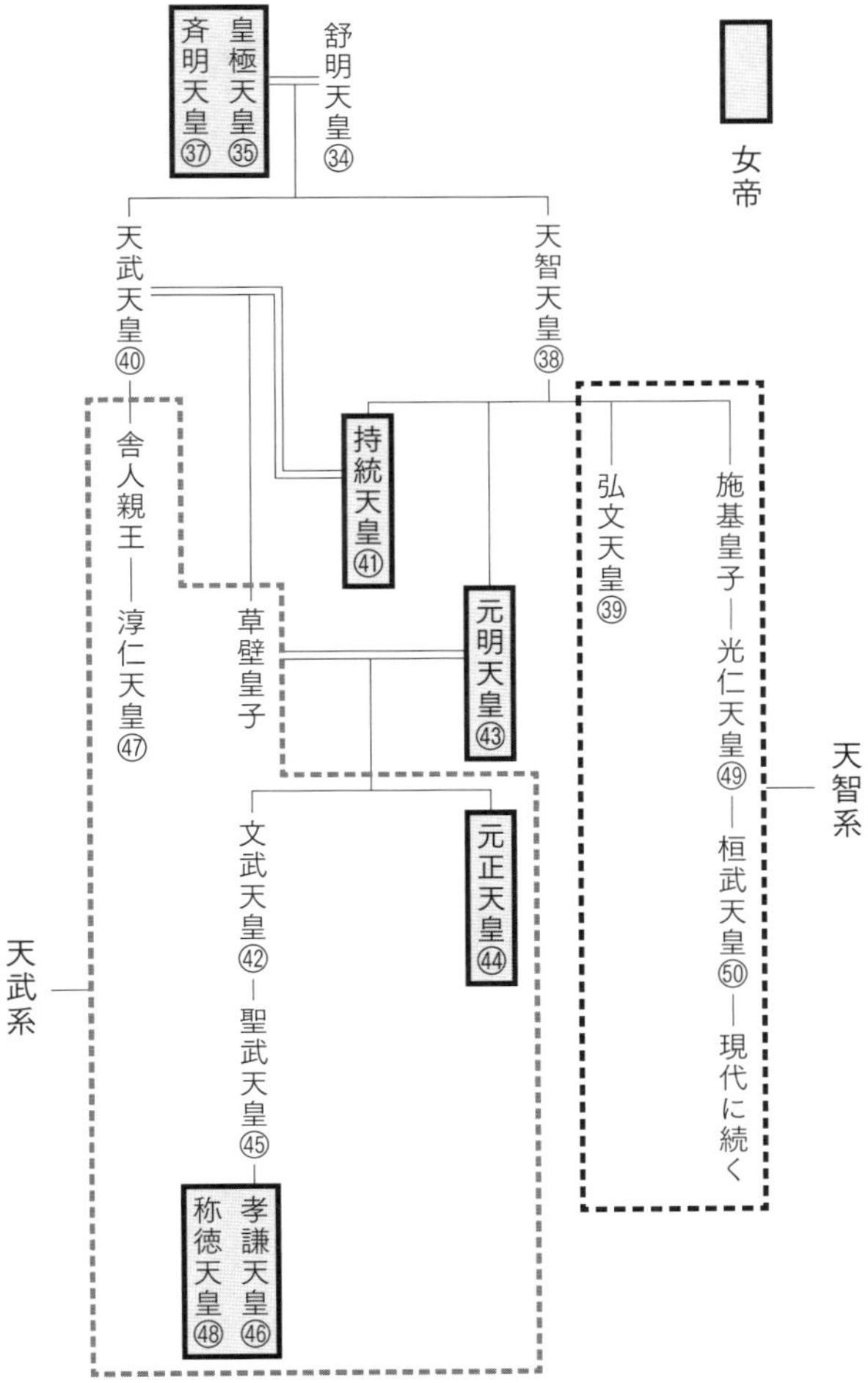

倉山満『日本一やさしい天皇の講座』（扶桑社、2017年）P.35より

武天皇は十五歳で位を継ぎますが、二十四歳で崩御してしまいます。直系で継承するには、残された首皇子《おびとのおうじ》（天武天皇の曾孫）が六歳と幼すぎます。ここで中継ぎの女帝が二代続きました。無事に首皇子に継承して聖武天皇となりますが、後の世代が続きません。聖武天皇から皇位を継いだのは、娘の孝謙天皇です。孝謙天皇は、一度は天武系の親戚の淳仁天皇に譲りましたが、再び位を継いで称徳天皇となりました。なお、淳仁天皇も明治三年まで諡がされず、長らく淡路廃帝と呼ばれました。孝謙天皇と争って敗れて淡路島に流され、そこでお亡くなりになったからです。

生涯独身で子供がいなかった称徳天皇は、自分のお気に入りの僧の道鏡に「位を譲る」と言い出しました。道鏡は単なる民間人です。当時の朝廷では「先例が無い」の一言で、道鏡の即位は阻止されました。たとえ現職天皇と言えども、先例が無いことはできない掟なのです。

称徳天皇が継承者なく崩御すると、光仁天皇が践祚します。現在に至る皇室は、光仁天皇の直系です。

さて、壬申の乱の決着はどうなったでしょうか。

光仁天皇の践祚は、神護景雲四（七七〇）年ですから、壬申の乱からほぼ百年後です。壬申の乱の直接の勝者は天武天皇で、皇位を継承しました。ところが百年後のこの時、天武天皇の直系は絶えています。そして、天智天皇の孫である光仁天皇が継ぎました。

歴史教科書では、「壬申の乱は天武天皇の勝利」とだけ記されますが、皇室の基準で言えば「天智朝の勝利」なのです。皇室は、五十年、百年という長い単位で勝者が決まるのです。

奈良時代は、いかに天武系の子孫に皇位を継承するかという歴史です。天武系最後の称徳天皇が弓削道鏡に皇位を譲ろうとしたのは、「天智系の子孫に皇位を渡したくなかったから、いっそ民間人に」という解釈もできます。天智系と天武系の両方とも、舒明天皇の子孫であることに変わりはないのですが、自分の子孫に直系を継承させたいという争いなのです。

そして、この歴史こそが、男系継承の原則が掟として確立している事実を示しているのです。

天武系では、早い段階で女帝が二代出現しています。もう少しさかのぼれば、天武天皇の後、早逝した草壁皇子と幼い文武天皇の中継ぎをした持統天皇も女帝です。この頃の継承を指して、女系天皇の例とされることがあります。天智天皇が斉明天皇（皇極天皇）を母に持ち、その子孫は男性も女性も皇位についているからです。

系図を見れば一目瞭然ですが、いずれも女系かつ男系の天皇です。斉明天皇はお父さんをたどれば敏達天皇、持統天皇の皇子女たちは男系で天武系、女系で天智系という、双系です。

女系が許されるのであれば、天智系と天武系は争う必要すらなかったでしょう。それをどちらの男系の直系が皇位を継承するのかという、皇室史に残る争いをしたのですから、女系での皇位継承は明確に否定されています。

さらに、光明皇后が出た後は、江戸時代に皇室と皇統が危機に陥るまで、女帝も例がありませんでした。江戸時代の女帝は、元正天皇の先例にならい、生涯独身で子供を持ちません。称徳天皇を除いて、女帝は男系に皇統をつなげるための中継ぎだからです。称徳天皇は天武系最後の天皇で、聖武天皇の御世に女性で公式に立太子された方ですが、これも歴代唯一、つまり先例とされていないのです。

ここまでお話しした歴史には、現代の日本にとって、重要な事柄がいくつも出てきています。

先にお話ししたとおり、日本の歴史は悠仁親王殿下がおひとりでつないでいます。そこでどのようにお支えするか、国民が考えなければならない時に、混乱を招く議論が多く出ています。そのうちの一つが女系論です。

女系論者は、「先例」と「男系」を無視して「直系」を主張しています。そして、今上陛下の皇女である愛子内親王殿下に皇位を継承する「愛子天皇待望論」を主張しています。

女帝自体は男系男子への中継ぎとして先例があります。男系男子の継承者がいるときに女性が天皇の位を継いでいるのは、元明天皇・元正天皇の例です。父帝や父皇太子が早逝した時に天武系の直系で皇位を伝えるため、幼い継承者が将来皇位を継ぐことを予定して、その成人を待つ間のことなのです。

今上陛下や秋篠宮殿下がご健在で、悠仁親王殿下に男系がつながっている現在、「愛子天皇待望論」は秋篠宮家から皇位を取り上げる話になります。それを自覚しているのでしょうか。

大事なことなので、もう一度言います。

現在「愛子天皇論」を主張するということは、悠仁親王殿下に向かって「お前は後回し

皇室の構成　□は崩御・薨去された方

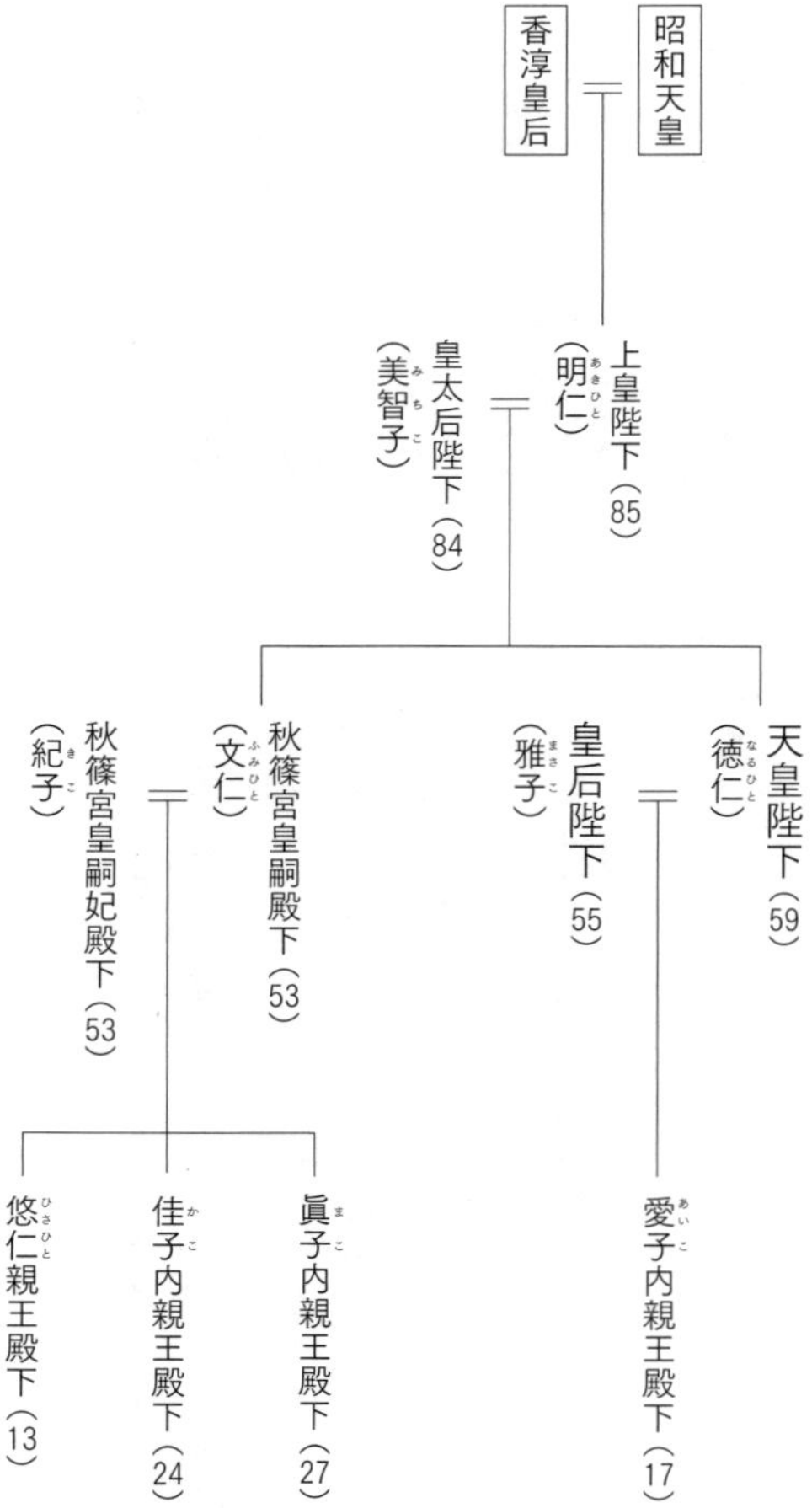

※数字は令和元年九月二十七日時点の御年齢

だ」と宣言するということです。歴とした後継者がいる時に、なぜそんなことをしなければならないのか。悠仁親王殿下が皇位を継承して、何か困ることがあるのでしょうか。

皇位継承順位に内親王を加えると、愛子内親王殿下だけでなく、秋篠宮家の内親王殿下も継承者となります。悠仁親王殿下の継承順位は、一気に同世代では四番目に下がります。だから、「愛子天皇待望論」＝「悠仁親王殿下後回し論」なのです。

皇位継承順位に内親王が加わると、内親王のご結婚による皇族からの離脱を否定する前提になります。ここから派生するのが女性宮家の議論です。しかし、女性宮家を立てたとしましょう。将来、宮家当主となった内親王にお子様が生まれた場合、さらに継承順位が混乱します。お子様が男子でも女子でも、今上陛下の直系と秋篠宮家の直系、どちらが正統なのかという、壬申の乱と同じ状況に陥るのです。

先例を無視した議論の怖さはここにあります。

現実に、秋篠宮家に対する不自然な中傷が始まっています。平成三十一（二〇一九）年四月二十六日には、悠仁親王殿下が通う中学校に賊が侵入し、殿下の机にピンクに塗られたナイフを置くという異常な事件が既に起こっています。自分に都合の悪い天皇や皇太子への嫌がらせにより、自ら位を辞退させて排除する方法は、藤原氏が散々やり尽くした手法です。

では、どうすれば日本の歴史はつながるのでしょうか。悠仁親王殿下が皇位を継承された時に、お支えする環境が整っているように、良い先例を探すことです。一つずつ検証しましょう。

たとえば、女性宮家には確かに先例があります。江戸時代の末期、文久二（一八六二）年に仁孝天皇の皇女、淑子内親王が第十一代の当主となった桂宮家です。閑院宮愛仁親王とご婚約されていましたが、ご結婚前に愛仁親王は薨去、独身を通された淑子内親王も後継なく薨去されて、女性宮家は断絶しています。吉例ではないので、女性宮家は無理に先例とする話ではありません。

なお仮に女性宮家を立てて、内親王が民間人と結婚された場合、配偶者を「殿下」と呼ぶことはできます。准皇族の先例がたくさんあるからです。豊臣秀吉も「太閤殿下」です。鎌倉時代末期の北畠親房や、室町時代の足利義昭は准三后となっています。三后は皇后・皇太后・太皇太后のことで、三后にならった待遇をするという意味です。他の皇族よりも偉い立場になることもありますが、皇族ではありません。貴族でも僧侶でも、秀吉のように農民の子でも、「殿下」にはなれても「陛下」にはなれないのが「君臣の別」です。お子様も皇族ではないので、お子様が男子でも皇位継承資格はありません。

先例にもっとも適うのは、旧宮家の方に皇籍に復帰していただくことです。宮家に内親王殿下が嫁がれるのであれば、ご結婚で皇籍を離脱することはありませんし、お子様に男子が授かれば、宮家を継いで下さいます。

第七節　今の危機を乗り越える先例は、旧宮家の復活

旧宮家は、大東亜戦争敗戦後のＧＨＱによる占領政策で、皇室から離れることになった家系をいいます。皇籍を離脱された方が元皇族、そのご子孫が旧皇族です。

敗戦による占領政策で、皇室のあり方も大きく変えられてしまいます。

昭和二十一（一九四六）年十一月三日、日本国憲法の公布を受けて、翌年一月には皇室典範の改正に至りました。大正天皇の皇子、昭和天皇の御兄弟が立てられた秩父宮、高松宮、三笠宮の三宮家以外、十一宮家五十一人の皇族が一斉に民間人となりました。このうち、男系男子は二十六人です。

これに先立ち、ＧＨＱは昭和二十年には皇室財産凍結の指令を出しています。昭和二十

一年五月までに皇室から各宮家への歳費を打ち切らせ、皇室財産を縮小して、日本国憲法で国有化しました。十一宮家の皇籍離脱前に準備されていた次年度の予算には、既に離脱を見越して三宮家分しか計上されていなかったとか。

それ以来、旧宮家の方々は七十年あまりを民間人として暮らしています。

小泉内閣当時の有識者会議では、現在の直系から遠いという理由で旧宮家の皇籍復帰は退けられました。

戦後に皇籍離脱を余儀なくされた十一宮家は、男系でたどると十四世紀半ばの崇光天皇に遡ります。十一宮家はすべて、崇光天皇の皇子である伏見宮の末裔です。伏見宮家は南北朝時代に設立されて以来、皇籍離脱するまで五百五十年続いてきた古い宮家です。他の宮家が絶えそうになった時にも、伏見宮家から養子に入り、後継となってきた由緒ある家系です。

皇室には「五世の孫」の原則があります。皇位を継がない皇族は、天皇から数えて五世までに皇籍を離脱しなければならないとの原則です。皇族が多すぎて困った時代にできた原則です。たとえば平安時代の嵯峨天皇には五十人のお子様がいました、皇子の多くは源氏の姓を賜り皇族から貴族となりました。嵯峨源氏です。確かに五世も離れると、民間人

伏見宮家系系図

▒は皇籍離脱した伏見宮家系11宮家

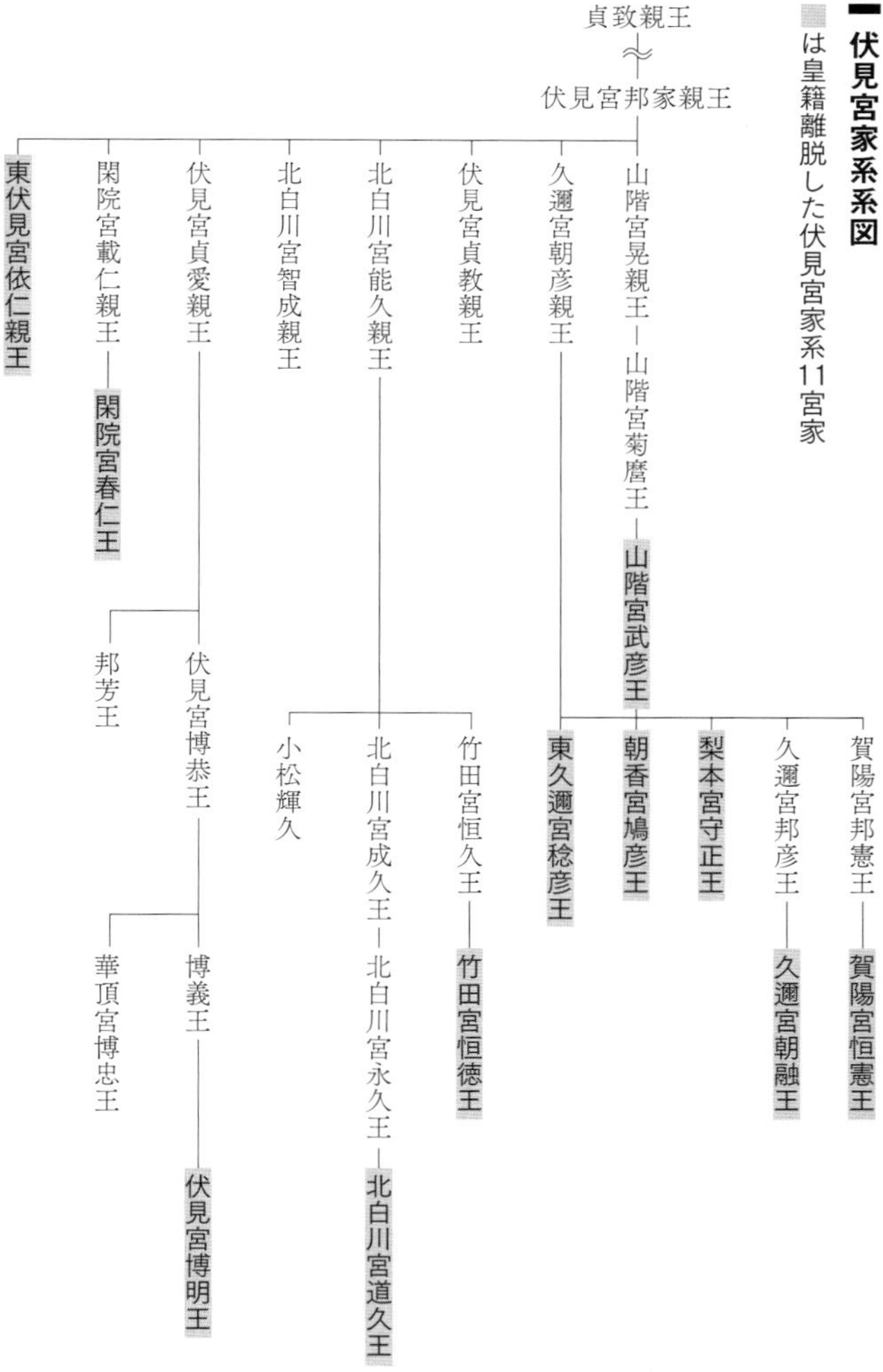

ならほぼ他人の感覚です。皇室でも直系からあまりにも血が遠い方には、臣籍に降下してもらおうとの考え方となったのです。

ただ、例外があります。伏見宮家です。伏見宮家は神武天皇に連なる、「もう一つ」の皇室として、現代まで残ってきました。

伏見宮家は、一度だけ江戸時代に絶えそうになったことがあります。この時に伏見宮家を継いだ貞致《さだゆき》親王は、長く伏見宮家に仕えていた母方の安藤家で育ち、安藤長九郎と名乗っていました。当時の京都所司代が探し出してきたという方です。伏見宮家の由緒を記録した『四親王家実録　第Ⅰ期　伏見宮実録　第8巻』収録の『忠利宿禰記』によれば、貞致親王は、十二、三歳頃、「西陣埋忠」という鍛冶屋に弟子入りしたといいます。埋忠は、平安時代に名工といわれた刀鍛冶、三条宗近が祖といわれ、室町時代には権中納言烏丸豊光を通じて天皇から土地を賜り、代々足利将軍家の刀を扱っていると伝わる刀工の棟梁家です。近世は系譜が各地に散らばっているものの、織田信長や豊臣、徳川家の用命も受けていたといいます（若山泡沫「埋忠一門考」『刀剣と歴史』四三九号、本阿弥光博解説『埋忠銘鑑』雄山閣出版、一九六八年）。由緒正しき、鍛冶屋さんに預けられていたのです。

だから、当時の京都所司代が伏見宮家の御落胤を「本物」と認定した根拠は一応あるのです。ただ、仮に伏見宮家の子孫である旧宮家から皇位を継承する方が出た場合、疑問を持つ人が出るのはやむを得ないでしょう。

こうした懸念を持った方が、近代史で二人確認できます。明治天皇と昭和天皇です。明治天皇はご自身の皇女と、伏見宮家の婚姻を推進されています。戦後に皇籍を離れた東久邇家は明治天皇によって創立された宮家で、両親、祖父母が皇族です。平成三十一（二〇一九）年三月に亡くなった東久邇信彦氏は昭和天皇の孫、上皇陛下の甥にあたります。皇籍に復帰して頂く宮家に相応しい家系です。血の問題はありません。

本来の女系は、こういうものです。十一宮家の方々は男系では安藤長九郎さんこと貞致親王にたどり着きますので、どうしても疑いを持つ人は出るでしょう。しかし、女系では間違いなく昭和天皇と明治天皇の子孫です。女系は本来、男系を補う存在なのです。

男系で離れてしまっても、女系で補完した例は六世紀前半の継体天皇の先例があります。継体天皇は、史上もっとも直系が離れた例で、応神天皇の五世孫です。武烈天皇の後嗣がなかったため皇位を継ぎ、武烈天皇の妹、手白香皇女を皇后に立てて欽明天皇が生まれたというのが『日本書紀』の記述です。

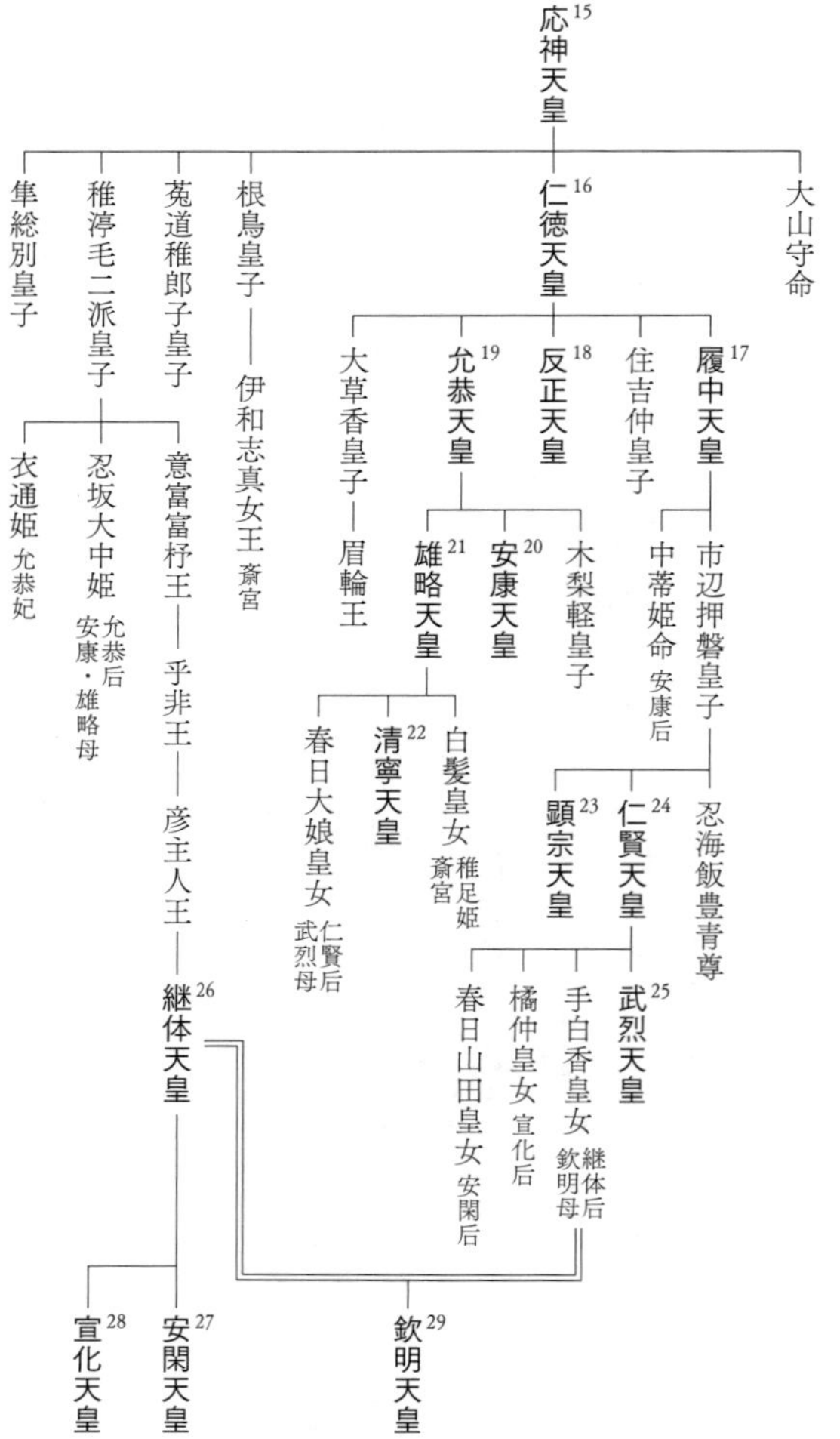

応神天皇 15
大山守命
仁徳天皇 16
根鳥皇子
菟道稚郎子皇子
稚渟毛二派皇子
隼総別皇子
履中天皇 17
住吉仲皇子
反正天皇 18
允恭天皇 19
大草香皇子
伊和志真女王 斎宮
意富富杼王
忍坂大中姫 允恭后 安康・雄略母
衣通姫 允恭妃
市辺押磐皇子
中蒂姫命 安康后
木梨軽皇子
安康天皇 20
雄略天皇 21
眉輪王
乎非王
彦主人王
忍海飯豊青尊
仁賢天皇 24
顕宗天皇 23
白髪皇女 稚足姫 斎宮
清寧天皇 22
春日大娘皇女 仁賢后 武烈母
武烈天皇 25
手白香皇女 継体后 欽明母
橘仲皇女 宣化后
春日山田皇女 安閑后
継体天皇 26
安閑天皇 27
宣化天皇 28
欽明天皇 29

天皇から姓を賜って、臣籍に降った皇族が皇統に復帰する例は、九世紀末の宇多天皇に先例があります。宇多天皇は第五十九代に数えられている天皇で、藤原氏の横暴で臣籍に降ったのですが、天皇の後継がいなくなるほど臣籍降下させてしまったので、困った藤原氏が皇籍に戻したという方です。

宇多天皇は、臣籍にある間は源氏姓を賜り、源定省《さだみ》という名前です。この間に男の子を授かります。源維城《これざね》です。のちに親王宣下されて敦仁親王、そして醍醐天皇となりました。御誕生の時には皇族ではないのですが、宇多天皇が皇籍に戻る時に、本来は皇族であった方として、一緒に皇籍に戻りました。宇多天皇は元皇族から天皇になった例、醍醐天皇は旧皇族から天皇になった例です。

この経緯は、清和天皇の摂政を務めた藤原基経の横暴で生じたものなので、決して良い例ではないのですが、ダグラス・マッカーサーが行った横暴は藤原氏どころではありませんから、皇室外部の手による危機の例として重要です。源定省の皇籍復帰と即位ができなければ、皇室は絶えていました。

なお、宇多天皇も醍醐天皇も名君として知られます。宇多天皇は菅原道真を登用した寛平の治、醍醐天皇は延喜の治を行いました。藤原氏の横暴は不吉ですが、危機を乗り越えた嘉例です。マッカーサーと藤原氏は同じことをしたのですから、危機を乗り越えた嘉例に学ぶべきです。

現在の旧皇族の方々は、生まれた時から民間人です。しかし、単なる民間人ではありません。旧宮家の方々は、皇籍を離脱された後も、旧宮家として皇室と交流する親睦会を持たれています。菊栄親睦会です。本来は皇族であるべき立場なので、いざという時に備えているのです。今も。

先例がひとつもない女系天皇と、危機対応の先例である皇籍復帰では、大きな違いがあります。そもそも、旧宮家の方々が伏見宮の子孫で今の皇室の直系と遠いと言うなら、赤の他人の民間人男子は構わないのでしょうか。赤の他人が内親王と結婚し、その子が天皇になるという先例はありません。これは歴史の否定です。

こうした論者が主張するのは、悠仁親王殿下とご結婚される女性には、とてつもない重圧がかかるということです。それはその通りです。一足飛びに女系だの女帝だの女性宮家だのを言うからややこしくなりますが。

一方で、側室を作ればいいのではないかという人がいます。私は賛成も反対もしませんが、現代の価値観からかけ離れた方法ですし、現在の危機への解決にはならないので、わざわざやる理由がありません。

これも先例をたどります。一世代で大勢の皇子女を儲けた天皇には、九世紀初頭の嵯峨天皇や、十七世紀初頭の後水尾天皇といった例があります。側室を含めて授かったお子様は、嵯峨天皇が五十人、後水尾天皇は三十三人です。

ところが、嵯峨天皇の七代後には、一旦臣籍に降った宇多天皇を呼び戻す事態となっています。後水尾天皇の後の四代は、その皇子たちが皇位を継ぎますが、百年ほどで中継ぎの女帝、後桜町天皇が立つ危機に陥っています。この危機を救ったのは、その七十年も前に創設されていた閑院宮家です。創設を建言したのは、新井白石という学者です。

天皇陛下や皇太子殿下にたくさんのお子様がご誕生になることは大切ですが、一代でたくさんの皇子を儲けても、次の世代に確実につながるとは限らないのです。本当に重要なのは、天皇陛下と皇室を支える宮家と、本当にいざとなった時の傍系継承の先例だというのが側室論への答えなのです。

第八節　「ロボット」にされてしまった天皇

皇族の方々は、憲法で政府が国民に保障している色々な権利を持ちません。皇族は国民ではないからです。結婚、職業選択、居住移転などの自由もなく、選挙権も当然ありません。財産はＧＨＱに取り上げられたきりなのに、世界各国の国家元首との交際を行わなければなりませんし、納税の義務だけはしっかりあります。週刊誌や口さがない人々の発言で、名誉棄損はやられたい放題です。

皇室に義務だけあって権利がない状態は、日本国憲法が作られた当時、皇族からも疑問の声が上がったことがあります。そういう中で、皇位継承が重要な国家的懸案となっているちょうどその時に、結婚の自由だけ声高に言う人がいるわけです。ここまでお話してきたような、日本にとって天皇陛下や皇室はどういう存在なのかということや、そもそも君主とはどういうものかという、大事な視点が抜け落ちているからです。

君主の権利は、大日本帝国憲法第一条にあるように、国家の統治権です。なぜ今の憲法ではなく帝国憲法なのかと疑問に思うかもしれませんが、まずは話を聞いてください。

帝国憲法が参考にしたイギリスで立憲君主制が成立する過程は、専制君主の権利をいかに制限していくかという歴史です。

イギリスは、議会を通じて君主の統治権を行使します。統治権行使の方針を決めるのが衆議院、それが法や先例に適っているかを審査するのが貴族院、決定したことを国王の名で行使するのが内閣です。「内閣」はCabinetの訳語で、元々は王様が起居するところに近い奥の間に召集された会議のことです。各行政機関の大臣が構成する内閣は議会の多数派から選ばれ、議会の多数派によって成立した内閣を王様が拒否しないのが英国流です。

王様は、限られた場であれば自由に発言する権利があります。内外に関する国務の報告を受け、疑問や感想を述べ、また自身の知識や経験をもとに発言します。日本でいう「内奏」の場です。大臣には、国王の言うことを聞く義務はありません。一方、国王は議会を通じて内閣が決定したことには、原則として拒否権を行使しません。その代わりに、国王の名で権力を行使する内閣がおかしなことをした時には、国民が議会選挙を通じて制裁します。国民も含めて、歴史を通じてそういう約束になっているからです。この約束は、司法の支持によって有効性が裏付けられています。約束が破られた時には、革命で殺されるかもしれない覚悟をしなさいという前提です。

このような仕組みの中で、君主は議会制度において、一定の役割を持っていると述べたのが、イギリスの憲政史家ウォルター・バジョットです。

バジョットは、その主著『英国憲政論』の中で、君主は三つの権利を行使してよいと述べています。警告する権利・激励する権利・相談を受ける権利です。君主は、この三つの権利を行使して、国政に影響力を行使することができます。

君主が賢くても愚かでも、大臣が賢ければ国家は安泰で繁栄します。賢い臣下が決めたことを君主は拒否しませんし、仮に君主がおかしなことを言っても、賢い臣下は聞かないだけだからです。

君主が賢くて、臣下が愚かな時は大変です。愚かな臣下が決めたことでも君主は拒否しませんし、君主が正しいことを言っても臣下が聞かないからです。いずれにせよ、国家運営の責任は臣下にあるのです。君主が責任を負えば、失敗したときに国民の恨みが君主に向いて、王制そのものが危機に陥るからです。

昭和天皇は、戦前・戦後ともに一貫して英国流の立憲君主として振る舞われました。内奏の場では率直な意見も述べられますが、内閣の決定は拒否されません。

戦後、大臣が内奏の場でのやりとりをマスコミに話してしまい、野党から「天皇の政治利用」という批判を招く騒動となると、昭和天皇が「もう張りぼてにでもならなければ」と嘆息されたエピソードが残っています（川瀬弘至『立憲君主 昭和天皇 下巻』産経新聞出版、二〇一七年）。昭和天皇は現在の憲法のもとでも、変わらずに文明国標準の立憲君主としてご発言されたのですが、その意味がわからない臣下が右往左往しているのです。

そして、ここまでのお話は、現在の日本国憲法の第四条に相当します。

第四条
天皇は、この憲法の定める国事に関する行為のみを行ひ、国政に関する権能を有しない。
天皇は、法律の定めるところにより、その国事に関する行為を委任することができる。

「国政に関する権能を有しない」の「権能」は、制限のない権限です。第四条は、天皇が行政府や国会に対して、命令する権限を持っていないことを表す条文です。

近世までの専制君主は、この権限を持ち、自ら行使した存在です。近代の立憲君主は、この権限を持ちますが、自ら放棄した存在です。似て非なる存在が、傀儡（ロボット）です。傀儡は、権限があるのに行使できない存在です。

バジョットによる君主の三つの権利は、専制君主は否定するけれども、君主は傀儡ではないのだから、国政に影響力を及ぼすことを前提に運用しましょうという考え方です。第四条は、文明国標準であれば専制君主の否定です。そして、第四条のどこにも、「影響力を行使してはならない」とは書いてありません。

ところが、現在の日本国憲法は、「天皇は政治に影響力を行使してはいけない」という誤解を招いています。

平成二十八（二〇一六）年八月八日、上皇陛下が御在位中の玉音放送（象徴としてのお務めについての天皇陛下のおことば）でご譲位のお考えを国民に示された時、その対応に動き始めた政府を「天皇の言うことを聞いて政治が動いたら憲法違反だ」と言い出した人たちがいました。天皇陛下は何ひとつ命令などしていないのに、です。これは、憲法の解釈が誤っているからです。

戦後の憲法学の祖といわれる宮沢俊義は、天皇を「内閣の言うことにメクラ判を捺すロボット」だと言い切りました。戦後、法学の道に進んだ学生が使う教科書にはっきり書いています。

これを日本政府の公式見解にしたのは、内閣法制局長官の吉國一郎です。参議院の質疑での答弁です。内閣法制局は、日本政府の法解釈のすべてを司っている役所です。国会質疑の時には、大臣を補佐して法律に関する質問に対応します。

吉國一郎の答弁は、次のとおりです。

およそ天皇は、憲法第四条第一項で言っておりますように国政に関する権能を有せられないわけでございますので、およそ天皇の行動があらゆる行動を通じて国政に対して影響を及ぼすようなことがあってはならないということは当然でございます。（中略）私的行為については、事実上国政に影響を及ぼすようなことが考えられないのではございますが、もちろん、私的な行為を通じてでも国政に影響を及ぼすようなことがあってはならないということは当然のことであろうと思います。

（昭和五十年十一月二十日　参議院内閣委員会）

日本政府は公式に、日本国憲法第四条を「天皇は傀儡です」と解釈しました。右の答弁は、靖国神社参拝についての質疑でした。靖国神社は明治維新以来、国家のために命をかけた戦没者をお祀りしている神社です。この一言で、昭和天皇はこれ以降、靖国神社に直接出かけて、戦没者のために祈ることができなくなりました。上皇陛下の御在位中も、同様です。

内閣法制局の憲法解釈には、それだけの力があるのです。これが立憲君主の重要な役割をも制限してしまっています。

今の天皇は、ロボットとして扱われているのです。日本国憲法の条文によってではなく、解釈によって。

平成から令和への改元に関しても、「天皇（上皇陛下）や皇太子（今上天皇陛下）の意向を踏まえれば、国民主権の原則を定めた日本国憲法に違反する」と、押し切られました。この解釈を言い出したのは横畠裕介内閣法制局長官だと報じられていますし（マスコミも何の疑問も持たずに報じている）、安倍晋三首相は記者会見で滔々と「令和の元号は自分が決めた」と語っています。

安倍内閣において、元号は皇室のものではなく、内閣のものにされました。

第九節　危機を収拾する君主の権能

天皇は日頃は儀式を行う存在で、自由なご発言は場を限られています。ただし、立憲君主の重要な役割は、危機の時にあります。

危機とは、戦時・国家事変・天災で、政府機能が麻痺することです。戦時は文字通り戦争、国家事変は内乱やクーデターのことです。こうした時に、自律的に活動できる実力を持つのが軍隊です。

では、こうした有事での君主の役割は、何でしょうか。

日本では、天皇陛下が立憲君主の危機時の役割を果たされたことが三例あります。

一つ目は、昭和十一（一九三六）年二月二十六日に起こった、二・二六事件の時です。事件当日の早朝、陸軍の部隊が首相官邸や警視庁など、政府の重要施設とその周辺一帯を武力占拠しました。総理大臣をはじめとする重要閣僚が襲撃され、首相は行方不明、大蔵大臣や内大臣らの殺害の報が昭和天皇の元にも飛び込んできます。

陸軍首脳には部下を庇う者もいて、右往左往しています。この時に、昭和天皇が「反乱は許さない」と明確にしたことで、鎮圧が始まります。

二つ目は、昭和二十（一九四五）年八月十四日、終戦の御聖断です。これは既に詳しくお話ししました。

政府機能が麻痺した時に、本来の権限の持ち主である天皇陛下が直接事態を収拾した例です。

三つ目の例は、大正十二（一九二三）年九月一日に起こった関東大震災の時です。この時、実は日本政府には総理大臣がいません。加藤友三郎首相が病死したため、内閣は八月二十六日に総辞職していました。後継内閣の首班は山本権兵衛ですが、組閣で揉めて内閣が成立する前に大震災に見舞われます。

戦前は、元老が天皇に後継首班を奏薦し、天皇から組閣の大命が降り、それを受けて組閣をして内閣が成立するという手順です。この過程で組閣ができずに成立しなかった例や、首班とされた人が辞退してしまう例もありましたから、関東大震災が発生した時、山本権兵衛はまだ首相になっていないのです。

前内閣の閣僚らは、首相の病死を受けて残務処理を行っていました。そこで、彼ら前任の閣僚と、山本権兵衛が後継内閣成立前に大震災への対応と発災当時の混乱収拾を行いました。最初に行ったのが戒厳令の施行です。対応が遅れれば、どれだけ混乱が広がったかわかりません。本来は、山本権兵衛は首相ではないので、政府の命令は出せません。ですが、この時に根拠となったのは、すでに組閣の大命が降下していることです。

以上の三例のとおり、帝国憲法下の天皇には安全保障の機能があったのです。

戦前は、君主が持つ本来の権限を「大権」と呼んでいました。憲法で運用を規律し、いざという時に機能するように解釈が考えられています。

現在の日本国憲法は、いざという時のことが考えられていません。帝国憲法の天皇大権を否定した結果、東日本大震災の時は在日米軍がその代わりをしたわけです。アメリカ軍がいるから戦争にならないし、内乱はアメリカ軍が鎮圧するのです。
日本国の秩序は、戦前は天皇が守っていました。今は、在日米軍が守るようになりました。そして、その天皇は「ロボット」だというのが日本政府の公式見解です。わかりやすく書いておきましょう。

在日米軍　＞　日本政府　＞　皇室と国民

これが、敗戦後の日本の七十年間です。本当に、これでいいのでしょうか。

第四章　たかが経済、されど経済、まずは経済

第一節　強い国に戻るには、まず経済

国の基《もとい》は、知力、財力、武力です。

真っ先に持つべきは、知力です。すなわち、意思です。何事も、やる気のない者は、絶対に目標を達成することはできません。

幕末、日本は西洋列強と比べ、武力も財力も劣っていました。しかし、知力では決して劣っていませんでした。黒船を見た時に、「あれをやればいいんだ！」と言えた日本人は、他人に媚びなくても生きていける国になりました。意思を持てば実行する。新しい国づくりに、日本人は本気で取り組み、明治維新を断行します。

明治、「殖産興業」「富国強兵」が国づくりの合言葉でした。西洋に負けない強い国になるには、まずお金が無ければなりません。国民全員で必死に働いて産業を興し、お金を貯め、軍隊を作り、武器を買い、そして世界最強と恐れられる帝国陸海軍を築き上げました。日露戦争に勝利し、その後の外交も上手かったこともあり、大日本帝国は絶対に滅びることのない国になりました。

ところがその後がいけませんでした。ソ連の片手間の中国の片手間のイギリスの片手間

にアメリカと戦うという信じられない愚かな戦争を始め、世界のほとんどを敵に回して負けてしまいました。日本人はすべてを奪われ、ギリギリのところで完全な亡国を免れただけ、という状況に貶められました。

そこから必死に頑張り、経済だけは世界の大国に戻れました。ＧＤＰ（国内総生産）ではアメリカに次ぐ世界第二位でしたが、たった三十年前は「世界で一番豊かな国」と言われました。

アメリカは確かに富の大きさは世界一です。富の大きさを示す指標が、ＧＤＰです。アメリカは第二次世界大戦（一九三九～一九四五年）どころか、第一次世界大戦（一九一四～一九一八年）の頃からずっと、ＧＤＰは世界一です。ただし、一人で何兆円も財産を持つ人もいれば、スラム街で何の希望も持たずに生きているホームレスも大勢います。貧富の格差が激しいのです。

それに対して三十年前まで日本は「総中流社会」と言われていました。もの凄いお金持ちもいない代わりに、極端な貧乏人もいない、という意味です。

それを表す指標が、「一人当たりＧＤＰ」です。「バブル」と言われた経済が絶好調だった頃、日本は世界第三位が指定席でした。バブル崩壊後もしばらくは、三位をキープしています。一位や二位は、ルクセンブルクやスイスのような小さな国です。日本のような人口が一億人もいるような国で三位ですから、驚異です。いかに効率的な富の配分ができていたか。だから世界一お金持ちの国であり、「ジャパン・アズ・ナンバーワン」などと煽てられもしました。

ところが、今やGDPは中国に抜かれて世界第三位。一人当たりGDPは二十位台後半にまで下がりました。今や日本人は長い不況で、自信を無くしています。敗戦でほとんどすべてを無くしたところから、何とか経済だけは取り柄にしたのに、その経済すら自慢ではなくなってしまいました。ならば、しっかりとやる気を出し、経済から立て直すべきです。先立つものは、お金です。

世の中には、お金がなくても強兵に邁進する国もあります。

日本人を拉致したまま一向に返さない北朝鮮は、「人民がズボンをはけなくても核武装」を言葉通りに実行しました。北朝鮮は独裁国なので、人民が貧しくても、死んでも構わないのです。

こうした北朝鮮のやり方は、中国が元祖です。中華人民共和国を建国した毛沢東は、真顔で「我が国は核戦争で一億人死んでも、まだ十億人いる」と言い放ちました。

我々の感覚では、「核開発の為に人民が死んだ」と表現します。当然、そんなのは失敗です。ところが、北朝鮮が手本とした毛沢東主義は、「人民が死んでも、核開発に成功した」と考えます。

日本がそういう国を真似する必要は、まったくありません。できもしないし、やるべきではないからです。ただし、自分の国の隣に、そういう訳のわからない国がある。そして対処しなければならないことは、自覚しましょう。

第二節　経済学はたった二百五十年の新しい学問

隣に頭がおかしい人がいる。どうすればいいか？

強く賢くなることです。強くなるには、賢くなり、お金を貯めることです。だから、経済のことを勉強しましょう。

と言っても、経済は真面目に勉強すると奥が深いのですが、本質だけをつかもうとすれば、そんなに時間がかかりません。その理由は色々あるのですが、一つには経済学が極めて新しい学問だからです。

確かに、経済学自体は、紀元前四世紀頃の古代ギリシャの哲学者、アリストテレスの頃からありました。しかし、今の経済学とは根本的に違います。ここで学んでほしい経済学とは、近代経済学です。近代経済学とそれ以前の経済学は、根本的な発想からして違うのです。

前近代の経済学は、簡単に言うと「そこにあるパイをどのように分けるか」という発想です。だから、強い者がたくさん持って行って、弱い者にはパイが口に入らずに死んでしまいます。そこで、パイを比較的公平に配分しようという目論見が出てくるのですが、大抵は失敗しています。人間は、そう簡単に自分の取り分を他人に渡したくない生き物です。「お前もお腹が空いているだろうけど、他にも空いている人がいるのだから、お前のパイを寄越せ」と言われても、なかなか渡しません。

もちろん目の前で餓死しそうな人がいる時は、パイを渡すでしょう。でも、月収二十万円の人が、「世の中にはホームレスの人もいて、助けなければいけませんので、来月からあなたの給料は十万円です」と言われて、納得しないでしょう。実際、自分の給料が半分になって、何人の餓死する人が助かるかわかりませんし。

前近代の経済学は、パイ（既得権益）を持っている人から取り上げて配ることができないので代案を考える。あるいは、「金持ちがお金を貯めるのはけしからん」式の、経済に道徳を持ち込む議論ばかりでした。と要約すると厳密ではないのですが、本質的にはこんなものです。

十八世紀、イギリスの産業革命の頃でも、この考え方は一般的です。一例を挙げます。トマス・ロバート・マルサスの『人口論』という有名な本には、「人口は等比数列において増大し、食料は等差数列において増大する」との表現が出てきます。言葉で書くと難しいですが、数字にすると簡単です。人口は「1、2、4、8…」と増えていくのに対し、食料は「1、2、3、4…」としか増えない。だから足りなくなる、というだけの話です。食料は土地の生産物なので、増やそうと思ってもなかなか増えないけれども、人口は放っておいても増えます。ちょうど、産業革命で賃金労働者が増え、つまり早死にする極端に貧乏な人が減ってきたので、こういう問題が生まれたのでした。限られたパイ（食料）をどのように配分するかを考える前近代経済学の結論は、産児制限になります。

マルサスの『人口論』は一七九八年の出版ですが、この時代でもまだこんなことを言っていたのです。

イギリスをあんまり笑えないのは、この四十年後の日本はもっとレベルが低いのです。

一八四一年、江戸幕府は天保の改革を始めました。アヘン戦争の脅威に危機感を抱いた江戸幕府が始めた改革なのですが、何の成果も出せずに二年で失敗しました。理由の一つが絶望的な経済政策の失敗です。

当時、不況で食料など生活必需品の価格が高騰していました。これを幕府首脳の水野忠邦は、けしからんと思いました。けしからんと思うのは構わないのですが、この人物に経済のセンスはゼロでした。

水野は商人に対し、「みんなが使う生活必需品の値段を下げろ！」と命令します。現代の金額で例えると、「一丁、百円の豆腐を七十円で売れ！」と法令で定めたのです。水野本人はきわめて道徳的な行為だと信じて疑っていません。しかし、善意に効果があるとは限らないのが経済なのです。

一丁の豆腐を作るのにも、大豆など原材料を育て、豆腐を作り、運び、店頭で売る、という工程があります。その間の人件費もかかりますし、設備にもお金がかかります。そういった、もろもろのお金をすべて踏まえて、豆腐の値段は「一丁、百円」になっているのです。

商人たちは、豆腐の大きさを七割にして売りました。

経済には、法則のようなものがあるのです。値段を三割下げたとしたら、売る量を三割下げないと、商売は成り立たないのです。

水野忠邦が愚かだったのは、権力者が命令すれば経済なんてどうとでもなると勘違いしていたことです。天保の改革には近代経済学の片鱗も見えませんが、きちんとした経済学を学んでいないと、水野忠邦を笑えません。現に今の日本の政治家でも、水野忠邦レベルの経済学の理解しかない人など、山ほどいますので。

さて、近代経済学は、一人の知の巨人の登場により幕を開けます。アダム・スミスです。スミスが一七七六年に書いた『国富論』は、今では「最初の近代経済学の教科書」のように扱われています。

スミスは画期的な発想を示しました。「パイを増やせばいいではないか」と。それまでの「パイをどう分けるか」という考え方から「足りないなら、パイを大きくすればいい」と発想を転換したのです。

問題は、「そんなことできるのか？」です。もちろん、「それができれば苦労はなかった」ので誰も言えなかったのですが、スミスはパイを増やす方法を徹底的に説きます。スミスは、政府によって特定の人たちが専売特権を与えられている状況を批判しました。「万人が自由に商売をできるようにすべきだ」と主張したのです。この考え方は、自由主義経済学とも、最近では「古典派」とも呼ばれます。

スミスが画期的だったのは、経済と道徳を分離したことです。スミスは、「人間は欲望の生き物である」と認め、それを否定しないような考え方に立ちました。むしろ、人間の欲望を上手く利用すれば、パイが増えると考えたのです。おいしいものを食べたい、モテたい、贅沢をしたい。何をするにも、お金が必要だから、儲けたい。等々。

もし商売の自由が認められれば、政府に許可された人以外にも、お金儲けの機会（チャンス）があります。みんな必死に儲けようと努力するでしょう。儲けようとする努力は、商品の質の向上をもたらします。この場合の商品とは、食品や日用品だけでなく、サービスも含まれます。食べ物を作る人、モノを作る人、そして作られたものを動かす人がいて、経済は成り立ちます。

アダム・スミスは、みんなの「儲けたい」という欲望を解放することにより、経済は活性化し、パイそのものが増えると考えたのです。

政府は最低限の環境を用意するだけで良い。あとは民間の活力に任せれば、経済は上手く回る。

こうした考えをまとめたのが、『国富論』です。『国富論』は、経済学の本というよりも、国家経営の本です。国家の運営で、お金のことも、もっと一生懸命に考えましょうという趣旨です。それまで、国家経営に金のことなど二の次だと考えられていたので、画期的でした。

近代政治学の祖と言えば、十五世紀末から十六世紀半ばにかけての政治家であるニコロ・マキアベリです。マキアベリは主著『君主論』で同様に国家経営論を説いていますが、君主は軍事と外交以外に興味を持つなと言っています。マキアベリの時代は、政治家たるもの、金の用意など、できて当然で語る必要もない扱いだったのです。それに比べて、アダム・スミスの『国富論』は、それまでの国家経営論よりも経済・財政の比重が飛躍的に高くなっています。

アダム・スミスの理論を採用したのが、大英帝国の総理大臣、ウィリアム・ピットです。ピットは、一七八三年にイギリスの首相となりました。当時の大英帝国は、一七七五年から始まったアメリカ独立戦争でフランスに負け、どん底でした。ピットの第一声は、「大英帝国は破産している」だったとか。しかし、会社は破産したらゲームオーバーですが、政治家は破産から国家を救うのが腕の見せ所です。

ピットは、アダム・スミスの言う通りに実行してみたところ、大英帝国の経済が復活しました。これで、アダム・スミスの考え方が世界中に広がります。十八世紀末から十九世紀にかけてのことですから、現代の私たちが知っている経済学の考え方は、きわめて新しい理論なのです。アダム・スミスから近代経済学が始まるとされる所以です。

ちなみに、スミスは生涯、自分を経済学者とは思っていなかったようです。

第三節　人がお金を信用するようになって、たった五十年

現代、我々はお札やコインの価値を疑いません。値段がついている、あらゆるものと交換できます。では、なぜ紙幣や通貨は、信用されるのでしょうか。

それぞれの国の政府が信用を保証しているからです。円は日本政府が、ドルはアメリカ政府が、「これは紙切れではありません。お金です」と保証しているから、誰もが信用します。ヨーロッパでは複数の国が集まって、ユーロというお金の信用を保証しています。

しかし、貨幣が政府の信用に基づいて発行され、流通するというのも、きわめて現代的な現象なのです。政府が安定していないと、お金の信用は生まれません。たとえば、北朝鮮のウォンなんか誰も使いませんし、アフガニスタンでは麻薬が貨幣の代わりになったりします。

実は、その国の政府が発行するお金を人々が信用するのは、たった五十年の歴史もないのです。まず、お金の歴史を、これ以上ないほど簡単にまとめます。

原始　　～　物々交換
古代国家　～　通貨の登場
十九世紀　～　金本位制
一九七一年～　管理通貨制

原始時代、人間は物々交換をしていたと考えられます。しかし、それではあまりにも不便です。どこの国でも、国家が成立する時代になると、通貨が登場します。しかし、古代から近代にいたるまで、国家はそんなに信用がありませんでした。国が亡びるなんて、珍しいことではありません。

政府の信用が貨幣の信用になるには、政府が暴力で転覆しないことが大前提です。政府が暴力で転覆して、お金が紙切れにならない、石ころにならないとわかったうえでも、まだ信用されません。たとえば江戸時代の日本では、金貨や銀貨の他にお米が通貨として流通していたほどです。

そこでどうしたかというと、金と交換するという裏付けをしました。金本位制です。いざとなったら、政府が発行した貨幣と金を交換しますよ、という約束で発行されているので、政府の保有している金の量に見合う量の貨幣を発行します。この制度は、十九世紀前半のイギリスで確立し、世界中に広がります。

一九四五年以降は、ドルが基軸通貨となりました。世界中のお金はドルと交換できる体制にしたのです。ドルは、アメリカ政府が保有する金と交換できます。この体制は、一九七一年まで続きました。世界は、それなりに安定しました。

一九七一年にアメリカのニクソン大統領が「金本位制をやめる」と宣言したのですが、ベトナム戦争の戦費負担で財政赤字が拡大し、金の保有量以上の通貨発行が必要になったからです。

現在は、それぞれの国の政府が発行するから、紙幣や硬貨がお金として普遍的な価値を持つという仕組みになっています。管理通貨制度といいます。金の裏付けがなくても、政府の信用だけで貨幣が発行され、流通します。さらに、通貨だけではなく、小切手や手形、株式、債券などが広く流通する信用経済です。現代の私たちを取り巻く経済の仕組みは、五十年足らずの歴史なのです。

では、なぜ金本位制度をやめたのかというと、とてつもないデメリットがあったからです。金本位制度では、金との交換が約束されているので、政府が保有する金の量を超えて通貨を発行することができません。これで大失敗したのが、世界大恐慌の時です。

一九二九年十月二十四日、ニューヨーク株式取引所での株価大暴落から、世界大恐慌が始まりました。大デフレです。

デフレとは、モノが溢れているのに、通貨が希少品の状態です。モノとは、人々が汗水流して働いた商品のこと、通貨はしょせん紙切れです。ならばお札を刷れば、「通貨が希少品で、モノが溢れている」という状態は解消されます。ところが、当時は金本位制だったので、政府の金保有量までしかお札を刷れなかったのです。自由自在に金を見つけてくることなど、不可能ですし。

しかし、世界大恐慌では多くの人が失業で苦しみました。日本でも、身売りや自殺が相次ぎました。金本位制は経済の安定をもたらすのですが、いったん歯車が狂うと抜け出せなかったのです。

それなのに、なぜ金本位制をやめなかったのでしょうか。実際に、金本位制をやめた瞬間に、世界中どこの国も不況を脱したというのに。

これにはいくつか理由があります。

一つは、人間はそれまでに続けてきたことを、やめたくない生き物なのです。

一つは、政府の発行する通貨の信用の保証です。金という、誰もが認める価値があるものと交換することで、信用を保証しようとしたのです。

そして、これが最も大事なことですが、経済とは本来はきわめて複雑で、とらえどころが無い存在なのです。そもそも「経済」とは、「人々がモノを交換する流れ」のことです。「全人類の生活」と言い換えても構いません。とらえどころが無いから、何か問題が起きた時、原因を究明するのだって大変なのです。

現在の日本もデフレですが、その原因として色んな説が飛び交っています。思いつくままに挙げても、「心が豊かになったので、日本人は欲しいものが無くなった説」「人口が減ったから説」「日本はもう成長しない説」「政府がお金を業者にバラまかないからいけない説」「ユダヤの陰謀説」「世界を動かすディープステートの陰謀説」等々。こんな変てこりんな説を、一人前の大人が平気で説き、大真面目に聞いている人がいるのです。

賢くありたいものです。

第四節　おかしな説に騙されないようにしよう

今の日本経済はデフレ不況で苦しんでいます。六年を超える長期政権となった安倍晋三内閣は、「アベノミクス」と呼ばれるデフレ対策を進めています。アベノミクスでは二％のインフレに持っていくことを目標としています。これに対して、「インフレになったらどうするのだ？」と批判する人がいます。インフレにしようとしている（が、できていない安倍内閣）と、インフレを悪いものだと批判する人たち。

では、インフレとデフレのどちらが正しいのか？

二者択一の質問をされた時には、質問そのものを疑ってかかってください。「どちらも不正解の選択肢」だったりしますから。

この場合の、「インフレとデフレのどちらが正しいのか？」も、正解がない二択です。この質問を言い換えると、「焼け死ぬのと凍え死ぬの、どちらがいいですか？」と同じです。どちらもダメに決まっています。なぜ、死ぬことが前提なのか。

経済学を少し学べば、デフレは一種類だけど、インフレには二種類あることがわかります。つまり、経済の状態には三種類あるのです。

経済の状態を、人間の体温にたとえて説明しましょう。「インフレとデフレのどちらが正しいのか?」と聞かれた場合のインフレは平熱が三十八度を超えている状態です。一方のデフレは、三十五度を切った低体温です。平熱は三十五度以上、三十七度未満に収まるのが健康な状態です。

経済も同じです。三十七度以上の高熱が悪性インフレ、三十五度以下の低体温がデフレ、三十五度から三十七度の平熱がマイルドインフレです。インフレには、マイルドインフレと悪性インフレの二種類があります。つまり、良いインフレと悪いインフレがあります。一方、すべてのデフレは悪です。

今の日本はデフレですが、しばしば専門家と称する人やマスコミの中には「デフレ脱却をしようとして、インフレになっていいのか?」と、脅迫的な聞き方をする人もいます。しかし、凍え死にそうな時に、焼け死ぬのが怖くて焚火《たきび》に当たるのを止める人がいるでしょうか。こういうおかしな議論に惑わされないためには、基礎を徹底的に学ぶことです。

そもそも、インフレとかデフレって、何なのでしょうか。改めて、確認しましょう。

デフレもインフレも、経済の状態を説明する言葉です。いずれもお金と物の関係です。「物」とは、形のないサービスも含めた商品のことです。

デフレはお金の量が少なく、物が大量にある状態です。するとお金が希少品になり、汗水流して働いて作り出した物の価値が下がります。この逆がインフレです。物が少なくて、お金が多い状態のことです。経済全体で見れば、インフレの時には経済全体が拡張している状態、デフレは収縮している状態です。経済全体が拡張していることを経済成長といいます。

マイルドインフレは、インフレ率が二％強ぐらいで年々推移している状態をいいます。世界最大の経済大国のアメリカも、二％程度のインフレで現在も経済は成長し続けています。これが経済学の経験則です。それなのに、日本だけが成長しないというのは、おかしな話なのです。

しかし、世の中にはもっともらしい理屈を並べる人がいます。そういう人は、少子高齢化や人口減少、生産性の低下によって、日本は衰退期に入ったから経済は成長しないと主張します。なんだか新聞に並んでいる見出しのようですが、こういう説が主流だということです。

では、実際はどうでしょうか。

日本が深刻なデフレに陥ったのは、平成十（一九九八）年からです。最近まで、日本の

2004	2005	2006	2007	2008	2009	2010	2011	2012	2013	2014	2015	2016	2017	2018
79.196	81.218	83.599	85.725	88.163	89.591	90.964	92.709	94.158	95.915	97.556	97.981	100	102.204	104.144
2.47%	2.55%	2.93%	2.54%	2.84%	1.62%	1.53%	1.92%	1.56%	1.87%	1.71%	0.44%	2.06%	2.20%	1.90%
88.018	88.926	88.802	90.931	93.619	96.935	100	101.585	102.645	103.521	104.142	106.636	108.745	111.208	111.565
2.98%	1.03%	-0.14%	2.40%	2.96%	3.54%	3.16%	1.58%	1.04%	0.85%	0.60%	2.39%	1.98%	2.26%	0.32%
94.743	95.168	95.291	96.811	97.882	99.539	100.429	101.445	102.804	104.707	106.55	108.931	110.509	111.874	113.929
1.57%	0.45%	0.13%	1.60%	1.11%	1.69%	0.89%	1.01%	1.34%	1.85%	1.76%	2.23%	1.45%	1.24%	1.84%
108.17	107.048	106.102	105.328	104.295	103.658	101.693	99.99	99.229	98.898	100.624	102.783	103.058	102.831	102.733
-1.10%	-1.04%	-0.88%	-0.73%	-0.98%	-0.61%	-1.90%	-1.67%	-0.76%	-0.33%	1.75%	2.15%	0.27%	-0.22%	-0.10%
87.377	89.069	90.989	93.315	95.524	95.587	96.61	97.526	98.659	99.426	100	101.138	101.338	102.004	102.989
1.62%	1.94%	2.16%	2.56%	2.37%	0.07%	1.07%	0.95%	1.16%	0.78%	0.58%	1.14%	0.20%	0.66%	0.97%
84.78	87.421	90.066	92.486	94.285	95.004	96.111	98.118	100	101.755	103.68	104.789	105.934	107.948	110.382
2.69%	3.12%	3.03%	2.69%	1.95%	0.76%	1.17%	2.09%	1.92%	1.76%	1.89%	1.07%	1.09%	1.90%	2.25%

経済はずっと収縮し続けました。他国とも比べてみましょう。

一覧はＯＥＣＤ（経済協力開発機構）加盟国のうち、主要国に韓国を加えた六か国のＧＤＰデフレーターの数値（上段）と、それを元に算出したインフレ率（下段）です。期間は、日本でバブル経済が崩壊した平成三（一九九一）年から、最近の平成三十（二〇一八）年までです。

他国の数値は、多少上下しながら少しずつ拡大しています。アメリカでも、毎年二％前後から、高い年で三％のインフレです。それに対して日本は、一九九八年から二〇一三年まで、一貫してマイナス値が続いています。デフレだという状態を表していいます。

OECD（経済協力開発機構）加盟国のうち、主要国に韓国を加えた六か国のGDPデフレーターの数値（IMF統計 資料:GLOBAL NOTE）

国名／年	1991	1992	1993	1994	1995	1996	1997	1998	1999	2000	2001	2002	2003
イギノス	61.177	63.05	64.743	65.57	67.182	69.924	70.424	71.184	71.745	73.263	73.862	75.475	77.289
		3.06%	2.69%	1.28%	2.46%	4.08%	0.72%	1.08%	0.79%	2.12%	0.82%	2.18%	2.40%
韓　国	51.598	55.594	59.039	63.823	68.252	71.157	74.049	77.468	76.55	77.382	80.207	82.661	85.468
		7.74%	6.20%	8.10%	6.94%	4.26%	4.06%	4.62%	-1.19%	1.09%	3.65%	3.06%	3.40%
ドイツ	77.422	81.847	85.256	87.038	88.695	89.207	89.39	90.12	90.537	89.927	90.953	92.156	93.28
		5.72%	4.17%	2.09%	1.90%	0.58%	0.21%	0.82%	0.46%	-0.67%	1.14%	1.32%	1.22%
日　本	114.995	116.912	117.576	117.888	117.26	116.677	117.265	117.212	115.677	114.077	112.817	111.172	109.374
		1.67%	0.57%	0.27%	-0.53%	-0.50%	0.50%	-0.05%	-1.31%	-1.38%	-1.10%	-1.46%	-1.62%
フランス	72.985	74.42	75.628	76.328	77.186	78.235	78.922	79.672	79.834	81.074	82.702	84.412	85.982
		1.97%	1.62%	0.93%	1.12%	1.36%	0.88%	0.95%	0.20%	1.55%	2.01%	2.07%	1.86%
米　国	65.825	67.325	68.92	70.392	71.868	73.183	74.445	75.283	76.37	78.078	79.79	81.052	82.557
		2.28%	2.37%	2.14%	2.10%	1.83%	1.72%	1.13%	1.44%	2.24%	2.19%	1.58%	1.86%

単位:%　出典:IMF　※下の%は前年からの伸び率

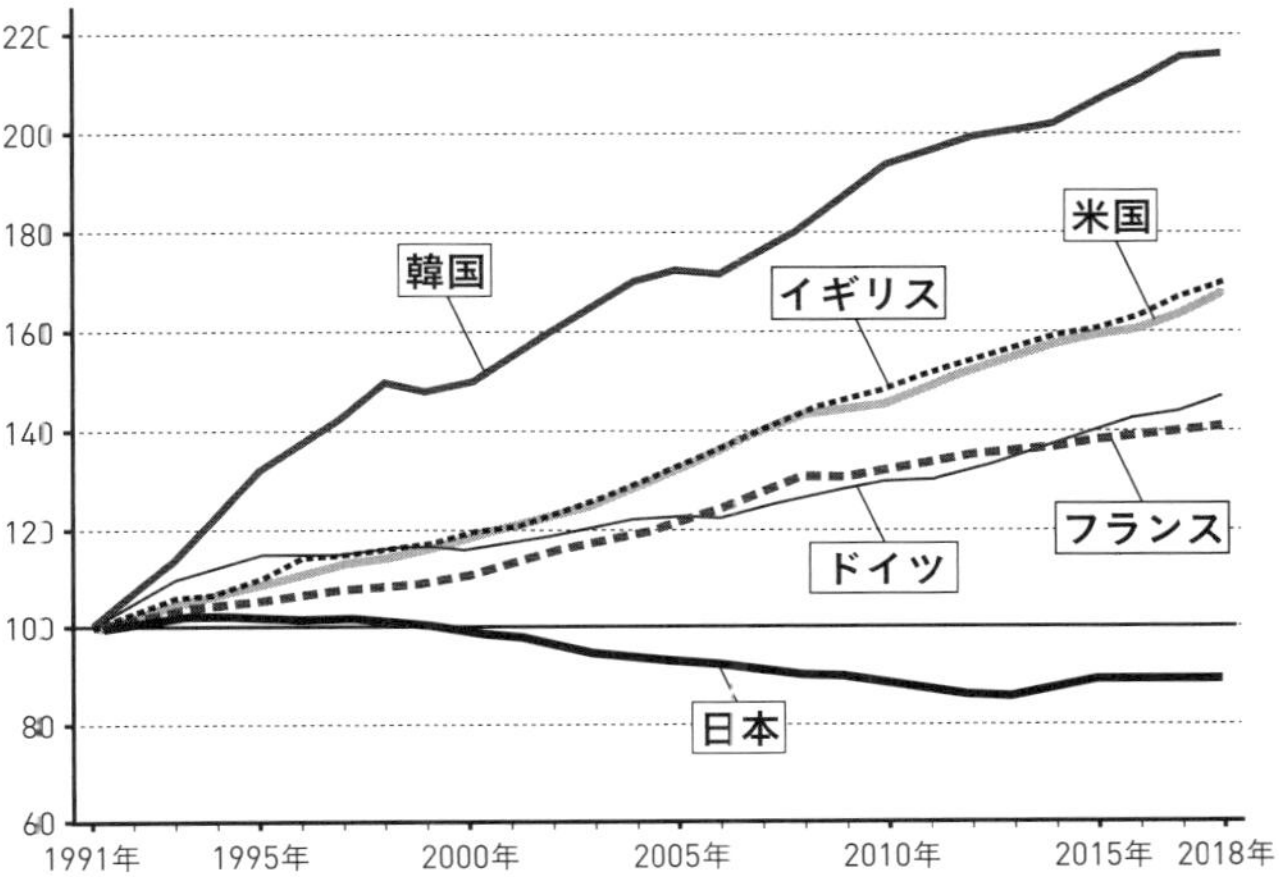

各国の1991年のGDPデフレーターの値を100として指数化した

す。加速度的に拡大したマイナス幅は、平成十六（二〇〇四）年から一旦落ち着き始め、平成二十一（二〇〇九）年まではマイナスが小幅で推移します。小泉純一郎内閣から、第一次安倍晋三内閣の間に、一時的に経済が回復軌道に乗りました。それでも、マイナスであることに変わりはありません。前年に比べて収縮した経済が、翌年はさらに収縮しているということです。

その間の日本は、「失われた二十年」といわれ、企業の人員整理や新規雇用の減少が継続していたことが顕著です。大学を卒業したばかりの若い世代が大きな影響を受け、「就職氷河期」とも呼ばれます。

他国の数値を見れば、一時的にマイナスになっても、その後はまた、拡大を始めています。では、なぜ日本だけが、これほど長期間のデフレが続いているのでしょうか。

繰り返しますが、どのような国でも毎年二％程度は成長するというのが経済学の経験則です。しかし、もっともらしい説を唱える人に限って、基本を無視しています。

よく、一九九八年から本格的なデフレに陥った理由として、一九九七年のアジア通貨危機が取り上げられます。タイの通貨が暴落して、アジア一帯に大きな影響を与えたとされています。ＯＥＣＤ加盟国では、韓国が直撃されています。

通貨危機では、インフレ率が跳ね上がると言われているのですが、翌々年に一旦マイナスに陥った後は、三％前後で推移しています。タイやＡＳＥＡＮ諸国でも、日本より早く景気が回復しています。

その間、日本はずっと不況のままです。この時点で、なぜ当事者のＡＳＥＡＮ諸国の景気が回復しているのに、日本の景気だけが悪いのかを説明できません。

さらなる言い訳として、通貨危機に見舞われても景気回復をしているＡＳＥＡＮ諸国に対して、元々体力のある日本がいつまでも不況なので出て来た理由が、日本は経済が大きくなりきって衰退期に入ったからもう成長しないのだ、という説です。ところがこれも、経済学の常識からはかけ離れた説なのです。

もうおわかりですね。「だったら、アメリカはなぜ成長し続けているのか」との一言で終了です。

第五節　経済の基本がわかっていた池田勇人

さて、ここで現代の日本経済の原点を探るために、池田勇人のお話をします。

池田勇人とは、日本を高度経済成長に導いた総理大臣です。デフレが来る前の時代の人です。

池田勇人は、敗戦直後の占領期、大蔵大臣や通産大臣を務め、日本経済の立て直しに尽力しました。そして、昭和三十五年に総理大臣となります。池田は日本人全員に「真面目に働けば、皆さんの月給を二倍にします！」と宣言しました。池田には理論の裏付けがあります。

まず大前提は、インフレマインドの形成です。ここでいうインフレとは、もちろんマイルドインフレのことです。毎年七％の成長を続け、月給が七％ずつ増えていけば、十年で所得は二倍になる。敗戦で焼け野原になった日本は、「もう一度、大国に戻る力がある！」と高めの目標を設定したのです。

七％以上の成長は単純計算ではそうですが、その裏付けとして二つの政策を軸にしました。

一つ目の政策は、一ドル三六〇円の固定相場制です。

池田の時代は、ドルが基軸通貨です。三六〇円持っていけば、一ドルと交換してもらえる時代です。本当は適正な交換レートは三〇〇円だったのですが、池田は大蔵大臣時代にアメリカと交渉して三六〇円にしてもらいました。

敗戦後の焼け野原の日本なので、アメリカも「六十円くらいのハンディは構わない」と考えたのです。一ドルと交換してもらうのに、三百円では足りず、三百六十円を出さねばならないので、六十円の円安です。商品を買う時は不利ですが、売る時は便利です。逆が円高で、商品を買う時に便利ですが、売る時は不利になります。

敗戦から復興し、十年がたってみると、「一ドルブラウス」が日米の問題となりました。ブラウスとは女性用の服ですが、これを日本は一ドルで輸出したのです。日本は大きく儲けます。アメリカの繊維産業は対抗できません。仮に日本人が三千六百円のブラウスを売っているところへ、十円の外国製ブラウスが売られたらと考えていただくと、わかりやすいでしょう。

この時代、ドルは基軸通貨ですから、アメリカはデフレにならないように金の保有量を増やします。そのたびに日本も円を刷ります。だから、自然とインフレ傾向になるのです。

二つ目の政策は、日本銀行に公定歩合を上げさせないようにしました。日本銀行、略して日銀とは「銀行の銀行」です。日本の三大銀行（メガバンク）と言えば、三菱ＵＦＪ銀行、三井住友銀行、みずほ銀行ですが、そういう民間の銀行（市中銀行）にお金を貸すのが日銀です。お金を貸す時は利子をとりますが、日銀が市中銀行に貸す時の利子率のことを公定歩合と言います。公定歩合が低いと、銀行は普通の企業や個人に、安い利率でお金を貸せます。

当たり前の話ですが、利子が高い時と低い時、どっちの方がお金を借りやすいでしょうか？　たとえば、一万円借りる時、三％の利子だと一万三百円にして返さなければならないですし、五％の利子だと一万五百円にして返さなければいけません。もちろん、利子が低い三％の時でしょう。

池田は政治の力で日銀に言うことを聞かせ、公定歩合を上げさせなかったのです。

さて、この二つの政策でインフレマインドが発生します。政府がお札を刷るので、いくら物を作っても余ること、すなわちデフレにはなりません。また、金利が上がらない安心感があるので、お金を借りやすくなります。この安心感のことを経済学の用語で、「インフレ期待」とか「インフレ予想」と言います。

政府がこうした前提を用意すると、経済はどうなるでしょうか。

一、企業がお金を借りて投資する。

積極的に投資をするので、商品の質が向上する。

二、消費者が良い商品を買うので企業が儲かる（消費が増える）。
　企業が儲かるので、企業に余裕が生まれる。
三、給料が上がる。
　個人にも余裕が生まれる。
四、貯金をする。
　安心が生まれ、人生設計ができる。
五、貯金ができるので、安心してモノを買う。
　消費が増える。
一、に戻る

池田は、これをひたすら続けました。最低限の環境を用意して、あとは民間の活力に任せる。経済学の基本に忠実に、政策を実行しました。そして、七年で所得倍増を達成しました。こういう公約違反なら大歓迎です。

日本は衰えたりとはいえ、なんとか経済大国の地位を保っています。言ってしまえば、池田勇人の遺産を食いつぶしているのです。

第六節　なぜデフレになり、続いているのか？

高度経済成長は、昭和四十八（一九七三）年の石油ショックで終わりました。日本は十年ほど、なかなか不況から抜け出せません。さらに昭和六十（一九八五）年のプラザ合意という事件で、日本は円高不況に苦しむこととなります。アメリカなど諸外国から、強制的に円高にするよう圧力をかけられ、日本は飲んだのです。

円高とデフレは双子のような関係です。いずれも、円の価値が高くなりすぎる状態です。ならば解決策は一つ。お札を刷ることです。お札を刷れば円は希少品ではなくなり、インフレ傾向で円安になります。

お札を刷るのは、日銀の仕事です。当時の日銀が手をこまねいていることに業を煮やした大蔵省（現・財務省）の大場智満財務官が上司の山口光秀事務次官に、「日銀がお札を刷るべきだ」と進言したのです。山口は日銀に圧力をかけ、大量のお札を刷らせます。あまりに大量の増刷は、「日銀砲」と呼ばれました。円高不況は一年で吹き飛び、一気にバブル経済になりました。

再び、日本経済は活気を取り戻します。株の投機が流行り、土地の値段は高騰しましたが、インフレ率は四％程度です。マイルドインフレの範疇です。

ところが、これを快く思わない人たちがいました。日銀です。バブルを強制的に終わらせようと、公定歩合を引き上げます。公定歩合は平成元（一九八九）年から翌年の一年で五回も引き上げられ、二・五％から六％に上がります。さらに、消費税三％が導入されるなど、バブル潰しによって、景気は後退します。確かに、山手線の内側の土地の値段でアメリカ全体の土地が買えるなど正常ではありませんが、だからと言ってやりすぎでした。

ここから今に至るまでのデフレ不況が始まります。

一九九〇年代は平成初頭ですが、「失われた十年」と言われます。しかし、本格的な不況は、平成十（一九九八）年からです。

この年、日銀法が改正されました。中身は、日銀が政府から独立することです。池田勇人が公定歩合を上げさせなかったのも、大蔵省が「日銀砲」を打たせられたのも、日銀は日本政府の下部組織だったからです。総理大臣や最強官庁と言われる大蔵省が本気になれば、日銀は従わざるを得ませんでした。これを日銀は嫌って、法改正に持ち込んだのです。

それ以来の十五年、速水優・福井俊彦・白川方明の三代にわたる総裁は、頑なにお札を刷ることを拒み続けました。日本経済がインフレから後退局面に入っているのに。その極めつけが、平成二十（二〇〇八）年九月のリーマン・ショックの時です。

リーマン・ショックとは、アメリカの住宅バブル崩壊で投資銀行のリーマン・ブラザーズが経営破綻したことで、世界的な金融危機と同時不況を招いた事件です。「世界恐慌か!?」と日本でも大きく報道されました。

本来は、リーマン・ブラザーズの破綻自体は、直接的には日本に関係ありません。それが日本に深刻なデフレをもたらしたのは、当時の麻生太郎内閣と白川方明日銀総裁の失政によります。

主要各国の中央銀行は、この対応で大規模な量的緩和に踏み切りました。お金をどんどん刷り始めたのです。アメリカの連邦準備制度理事会（ＦＲＢ）を皮切りに、イングランド銀行、ヨーロッパ中央銀行が追随して、中国人民銀行は最もお札を刷ります。国際的に流通する主要な通貨量は、従来の三倍から五倍になっています。その中で、日本銀行はわずか一・二倍です。他国の通貨に比べて、増やしていないに等しい状態なので、日本円はどんどん少なくなり、とことんまで希少になったのです。

こうして、リーマン・ショックと何の関係もない日本が、最も悲惨な地獄に叩き落とされました。

マネタリーベース対GDP比の国際比較

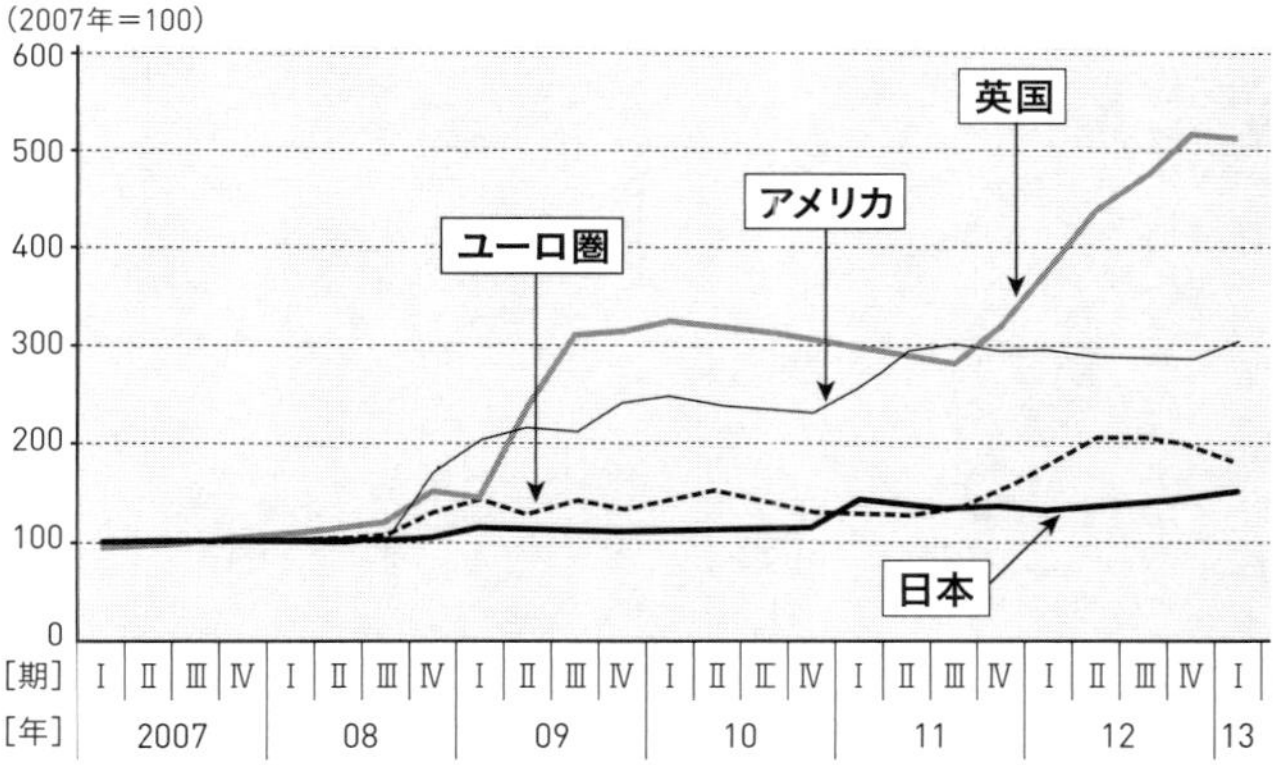

マネタリーベースとは「日本銀行が供給する通貨」のことで、市中に出回っているお金である流通現金(「日本銀行券発行高」と「貨幣流通高」)と「日銀当座預金」の合計値。リーマン・ショック以降、主要各国の中央銀行は大規模な量的緩和に踏み切り、通貨量を増加。しかし、日本はほとんど増やしていない状態だったため円が希少になり、深刻な円高が進んだ（出典:内閣府）

円が希少になるということは、為替では円高になります。リーマン・ショックが発生した二〇〇八年の平均は、一ドル一〇三円でした。これが二〇一一年三月には一ドル七十九円まで円高が進みます。猛烈な円高に企業が悲鳴を上げていました。

麻生内閣と白川日銀は、絶望的なまでに金融政策を間違えました。こうして、「失われた十年」どころか、「失われた二十年」と化していきました。

デフレ不況に輪をかけたのが、消費増税です。

増税は景気が良い時に行うものです。不況の時に増税なんかしたら、さらに景気が悪くなるに決まっています。ところが、平成九（一九九七）年に消費税が三％から五％に引き上げられ、その悪影響から、翌年には自殺者が八千人増えました。自殺者三万人時代の到来です。

平成十（一九九八）年は消費増税の悪影響と日銀法改悪が重なり、それまで以上のデフレが深刻化する年です。いわば「デフレ元年」です。以降の歴代自民党内閣、橋本龍太郎・小渕恵三・森喜朗・小泉純一郎・安倍晋三・福田康夫・麻生太郎の歴代内閣は、景気回復を成し得ませんでした。

かろうじて小泉内閣だけは、景気は緩やかな回復軌道にありました。ところが小泉内閣の任期終了直前、日銀は金融緩和をやめてしまいます。小泉内閣と言えば平成では強い内閣だと思われていますが、日銀法は政府からの独立を保障しています。退陣間際の小泉内閣には、その日銀法を変える力は残っていませんでした。回復軌道にあった日本経済は再び悪化の一途をたどり、麻生内閣の救いようのない金融政策に至るのです。

この麻生内閣で、消費増税への道筋がつけられます。

そんな麻生自民党に嫌気がさした国民が、民主党に政権交代させます。三年半の民主党内閣で語るべき経済政策は特にないのですが、唯一例外が消費増税です。野田佳彦内閣は、国家予算をそっちのけで消費増税にのめりこみます。これに、野党の谷垣禎一自民党総裁と山口那津男公明党代表も協力します。そして三党合意で、五％から八％、そして十％への段階的引き上げが決定されました。

第七節　アベノミクスとは何か

平成二十四（二〇一二）年の年末、民主党政権が倒れます。安倍自民党総裁は、第二次政権が成立する前に「日銀に政策変更を迫る」と宣言しました。頑なにお札を刷らない白川方明日銀総裁をクビにするのだと、宣言したのです。この宣言を受けて、即座に株式市場の株価が上がりました。

総選挙により政権に返り咲いた安倍首相は、日銀人事に着手します。平成二十五年二月、白川方明日銀総裁の辞表を取り上げました。そして、日銀人事に介入し、黒田東彦総裁と岩田規久男副総裁を送り込みます。そして「異次元の金融緩和」を宣言、四月に「黒田バズーカ」と呼ばれる金融緩和を行うと、景気は劇的に回復しました。

第二次安倍内閣が打ち出したアベノミクスのポイントは、インフレターゲットです。

小泉内閣当時も、平成十三（二〇〇一）年から五年間にわたって、量的緩和は実施されていました。それで多少なりとも景気が回復したのですが、安倍内閣はインフレターゲットによって政府の金融政策方針を明確にしました。二％の経済成長を達成するまで、お札を刷り続けるとの宣言です。金融緩和によって景気が回復軌道に乗っても、明日には金融政策が転換されるのではないかと思えば、みんな増えたお金を使いません。デフレマインドのままです。

一方、継続して景気がいいとわかっている時には、みんな投資します。景気が悪い時に投資する人間はいないのです。景気が良くなっていくから、今そこに投資すれば将来儲けが出てお金が増える、あるいは今日の投資を明日にしたら、明日は投資資金がもっと必要になって将来の儲け幅が減るかも知れない、だから「今日買おう」と考えて投資が活発になるのです。景気が悪くなるとわかっていたら、資金を取っておきます。決済期限は追いかけてきますし、個人でも使ってしまうより、いざという時のために貯金しておいた方がいいと判断します。

政府が今後も景気を良くします、途中でやめませんと目標を掲げ、お札を刷り続けると物の価値が上がっていきます。物を売るとお金が儲かり、もっと作るために設備投資をし、雇用を増やし、最後にお給料が上がります。給料が上がってみんなに余裕ができれば、また新しい物を買ってみようかなと思うので、消費が活発になって物が売れます。そこまでやって、このサイクルが継続するようになると、ようやく循環が上手くいく状態、好景気になります。

安倍首相が目標を設定して株価が上がり続けたのは、それなら物が売れ始めて、企業の業績も改善するという、近い将来の見込みができたからです。

さらに安倍首相は、「景気回復までは消費税を上げない」と明言していました。デフレ脱却の要諦は、デフレマインドを破壊し、インフレマインドに転換させることです。その裏付けとして、日銀が金融緩和、しつこいですがお札を刷ることです。かくしてアベノミクスでお札を刷ったので、汗水流して働いて作り出した物の価値が上がり、景気が良くなるのです。景気が上がるまで増税しないとなれば、みんな安心して投資できます。

ところがアベノミクスは、わずか半年、そのサイクルの最初でつまずいてしまいました。原因は、消費増税です。三党合意で決めた消費税八%を、安倍首相がひっくり返せませんでした。第二次安倍内閣成立から、わずか一年足らず。平成二十五年十月一日、安倍首相は翌年四月からの消費増税を表明する記者会見を行いました。この瞬間、自らアベノミクスに死刑宣告をしたのです。何を考えていたのか、経済学では説明できない、愚かなことです。

金融緩和とて万能ではありません。インフレマインドを破壊されたら、意味がありません。消費増税は、インフレターゲットの効果を破壊します。人は、税金を上げられて景気が悪い時に買い物をしようとは思いません。

平成二十六（二〇一四）年四月一日、消費税が五％から八％に引き上げられました。アベノミクスの効果はなくなり、その年の十月まで景気が下がり続けます。この頃になると、安倍首相は「増税しても景気は大丈夫。六月までの三か月は減速するが、七月からは回復する」と信じていたようです。しかし、景気はV字回復どころか、さらに下がり続けます。何を根拠にそんな妄想を信じたのか。

消費増税をしても、財政出動をしても、景気は腰折れしないと考えたらしいのです。歴史に学んでいれば、こんな愚かな説は信じなかったでしょう。それまでも、財政出動で景気を回復させようとした政権はありました。

かつて小渕内閣は公共事業に空前の投資をしました。しかし何の意味も無く、小渕内閣の経済政策で最も効果があったのは、小渕首相がテレビカメラの前で両手に蕪《かぶ》を持って「カブ（株）上がれ～」とやったことだとか。

麻生内閣はリーマン・ショックの時に九十・五兆円のほか、ＩＭＦへ十兆円もの拠出を行うなど大盤振る舞いをしました。しかし、外国にキャッシュディスペンサー呼ばわりされただけです。

安倍内閣も八％増税に備え、財政出動を行いました。年度末になると、道路工事が増えている光景は、もはや日本の風物詩です。予算は年度内に使い切るのが、日本の会計上のルールだからです。ところがこの年だけは、四月になって年度をまたいでも、まだ道路工事をやっていたのを覚えているでしょうか。増税による不況を防ぐために「お金をどんどん使いなさい」と、バラまいたのです。

しかし、いずれも効果はありませんでした。みんなの税金を財政出動と称してバラまいても、その恩恵にあずかる一部の人が喜ぶだけです。

平成二十六年秋、ようやく安倍内閣も消費増税の悪影響に気付きました。十月末、黒田日銀は追加金融緩和を決定します。いわゆる「ハロウィン緩和」「黒田バズーカ第二弾」です。安倍首相は、予定されていた十％への消費増税を延期しました。すると、景気が回復軌道に復帰しました。

そして現在に至ります。

本書執筆時点が、令和元（二〇一九）年七月です。

安倍内閣は、七年に及ぼうとする政権で、ここまでは緩やかな景気回復を実現しました。デフレ脱却には程遠いですが。

こうした歴史から、はっきりとした教訓が読み取れます。

・デフレ脱却で最も大事なのは、デフレマインドの破壊。
・だから、インフレターゲットによるインフレマインドの醸成が必要。
・インフレターゲットの裏付けは、金融緩和。お札を刷ること。
・ただし、消費増税はインフレマインドを破壊するので、金融緩和を減殺する。

第八節　日本経済はどうなるか？ではなく、どうするか！

安倍首相は、二度、消費増税を延期しました。平成二十六（二〇一四）年衆議院選挙と平成二十八年参議院選挙で増税延期を公約し、与党自民党は大勝しました。しかし、あくまで「延期」です。当初のアベノミクス絶好調だった時のように、「景気が回復するまで絶対に増税しない」と宣言していれば話は別だったのでしょうが、これではデフレマインドを壊すことはできません。みんなが「どうせ増税するんでしょう」と考えたら、消費は冷え込みます。お金を使わないで貯めこむだけです。この場合の貯金は、マイナス思考の貯金です。景気が悪くなった時の備えです。みんながこういう行動をとるようになれば、デフレマインドは復活します。高度経済成長期のような、「貯金ができて安心だから」というプラス思考、インフレマインドとは全く違います。

安倍首相が「消費増税の延期」を宣言すること自体が、アベノミクスの効果を破壊していたのです。だから、日銀が空前の金融緩和を行っても、景気回復は緩やかにしかならないのです。

そして、安倍首相は「増税をやり抜く」と宣言するようになります。平成二十九年衆議院選挙、平成三十年自民党総裁選挙、そして今年令和元年参議院選挙での公約です。

既に足掛け三年にわたり、令和元年十月一日からの消費税十％に向けて、国家が動いています。デフレ脱却前にこんなことをして、景気が良くなる道理がありません。

安倍首相は景気を悪くしない方策はすべて手を打ったと表明しています。ということは、増税をすれば景気が悪化すると自白しているようなものです。

特に目立つのが、空前の国土強靭化予算です。もともと、七兆円規模の三か年計画を決めていたものにも上乗せして、平成三十一年度では総額五兆三千億円あまりの予算を付けています。

さて、ここまで本章を読んでこられた方は、これに何の意味もないことはおわかりでしょう。本当にこんなものに効果があるのなら、増税してもよいことになります。

十月一日以降、景気が良くなる要素はありません。では、八％増税の時のように、いきなり悪くなるのか。それとも五％増税の時のように、しばらくたってから絶大な悪影響が出るのか。

常識論を述べます。

今は既に景気は悪いのです。十月一日からはさらに悪くなるでしょう。増税から一年たった頃は、東京オリンピックが終わっています。その時に、地獄が訪れるでしょう。

再び。日本はどうなるか？

ただ傍観者として見ているだけなら、日本経済は悪くなります。断言できます。

では、読者の皆さんに聞きます。

日本をどうしますか？

第五章　日本を守りたければ政治のことを知ろう

第一節　今の日本は官僚が支配する国

謎だけを残した選挙となりました。

令和元年夏の参議院選挙で、安倍晋三首相率いる自民党は、消費増税を公約にして勝利しました。これで安倍内閣は、国政選挙において全戦全勝の六連勝。史上最長任期の内閣も射程に入りました。

政治において増税ほど国民を敵に回す難事はありません。ところが、この結果です。いろいろと疑問があります。

・なぜデフレなのに増税をしたがるのか？　誰が？
・そんな出鱈目な政策を掲げている与党が、なぜ勝てるのか？
・そんなに長期政権の安倍内閣が、なぜ何の実績も無いのか？
・そんな与党に勝てない野党は、一体何なのか？

順番に説明しましょう。第一の謎です。なぜデフレなのに増税をしたがるのか？　誰が？

前章で、「デフレ期の増税」がアベノミクスを壊すというお話をしました。子供でもわかる、おかしな話です。これを主張しているのは、財務省という役所です。

では、財務省はなぜ「デフレ期の増税」など主張するのでしょうか。いくつか説があります。

一つは、財務省は東大法学部出身者の集まりなので、経済学のことがよくわかっていないという説です。実は、これはかなり当たっています。財務官僚は東大法学部から国家公務員試験を上位で受かったエリートですから、学校で習っていないことは弱い。それでいて、難しく考えすぎて変な結論になる、という説です。ただ、そういう側面はありますが、それですべては説明できないでしょう。

一つは、日本を滅ぼそうと思って、わざとやっているという説です。外国のスパイだという説です。一見、荒唐無稽です。また、財務官僚のすべてが敵国のスパイなど、さすがにありえないでしょう。

ただし、我が国には苦い経験があります。日米開戦です。昭和十二（一九三七）年から日本は中国大陸で支那事変を戦い、十六年からは日米開戦に突入します。当時の日本の指導者が如何に愚かだったかは、第二章でお話ししました。そうした愚かな政策を推進した首相は近衛文麿です。近衛の側近には、ソ連のスパイが大勢いました。その中心がリヒャルト・ゾルゲと尾崎秀実です。ゾルゲと尾崎、その徒党は、近衛の側近に入り込んで政府の方針をねじ曲げ、支那事変を泥沼化させ、日米対立を煽りました。彼らの雇い主はソ連です。日本が中国やアメリカと潰しあいをすれば、ソ連は高笑いです。

こうした工作は、摘発されたのでわかりました。ゾルゲ事件です。しかし、いまだに事件の全貌はわかっていません。歴史学の研究は、緒についたばかりです。なお、ソ連のスパイは日本のみならず、アメリカの大統領官邸にも、かなりの数が入り込んでいたようです。日米ともに政権中枢がソ連のスパイにやりたい放題やられ、最後は潰しあいをさせられたのです。

スパイが活躍できる状況とは何か。正論が通らない状況です。戦前の日本は、正論が通らない状況になっていました。政治家の腐敗、対外政策の失敗、不況と貧富の格差、マスコミの扇動……それらが重なって国民が政治そのものにあきれ、ただただ過激な主張が受け入れられるようになりました。そして、正論が通らなくなります。

百人中九十人が正論を否定するようになると、一人のスパイはやりたい放題です。二人や三人くらい正論を言う人がいても、誰も聞きません。尾崎秀実がまさにそうだったのですが、常にもっともらしく、勇ましく、自分が如何に国やみんなのことを思っているかを訴えていました。尾崎の言うことを、ほとんどの人が疑いませんでした。

今となっては、支那事変も片付かないのにアメリカと戦争をするなど、正気の沙汰ではないと思えます。しかし、デフレ脱却もできていないのに消費増税を行う、平成や令和の現代人が、過去の日本人の愚かさを笑えるでしょうか。

もちろん、財務省の具体的に誰が敵国のスパイか、など特定できません。スパイの特定など、国が亡びるような状況でないと、できないのですから。日米双方にスパイを送り込まれていたのも、ソ連が滅んでからわかったことです。

しかし今の状況で、日本の財務省に敵国のスパイが一人もいない、と考えるのも不自然なのです。まちがいなく、今の財務省はスパイがやりたい放題できる環境です。

そして、財務省がデフレだろうが何だろうが、増税をしたがる最大の理由です。政権に対する拒否権であり、省益だからです。消費増税は政権を操る武器なのです。

当たり前の話ですが、景気が良いと政権の支持率は上がります。これまで、安倍内閣が長期政権化してきたメカニズムは簡単です。

日銀が金融緩和をする。
←株価が上がる。（景気が良いとみんなが思う）
←支持率が上がる。
←選挙に勝てる。
←誰も引きずりおろせない。

六年以上、これだけを繰り返してきました。
ところが、消費増税をすれば景気は腰折れします。金融緩和の効果を破壊するからです。それどころか、将来の増税を明言するだけでインフレターゲットの効果を破壊します。事実、安倍内閣は二度にわたり消費増税を延期し、景気を回復軌道に乗せていますが、その動きは緩やかにしかなっていません。

これを、安倍内閣の反対者の立場から見てみましょう。「ほどほどに強い政権」です。景気回復が続く以上、野党や与党内の反主流派に引きずりおろされることはないでしょう。しかし、景気が爆上げで誰も逆らえない政権にもなりません。

消費増税が政治と経済の中心課題である限り、安倍内閣は常に財務省との関係に神経をすり減らさなければなりません。たかが延期に、国政選挙で信を得たという儀式が必要なのです。財務官僚が決めた消費増税を延期させていただく……。

日本は形式的には民主主義の国ですが、選挙など儀式（セレモニー）にすぎず、実質的には官僚が支配する国なのです。

第一の謎への答えです。なぜデフレなのに増税をしたがるのか？　誰が？

財務官僚が日本を支配するためです。

第二節　もはや存在意義が無い自民党

第二の謎です。デフレなのに増税をしたがる。そんな出鱈目な政策を掲げている与党が、なぜ勝てるのか？

政治にはルールがあります。この場合のルールは訳すのが難しく、日本語で言う「掟」と「法則」の両方の意味があります。安倍自民党が六年間、ほとんど無敗だった理由を知る手掛かりは、政治のルールを知ることです。

日本の最高権力者は総理大臣です。総理大臣は、衆議院の首班指名選挙で選ばれます。首班指名では、原則として各政党が自分の党の党首に投票しますから、衆議院第一党の党首が総理大臣になります。つまり衆議院選挙は、総理大臣を選ぶ選挙なのです。

昭和三十（一九五五）年以降、二回だけ例外がありますが、その二回を除いて、何回やっても総選挙では自民党が勝つのです。だから、自民党の総裁選挙が、実質的に総理大臣を決める選挙なのです。自民党の国会議員から支持を得た政治家が、総理大臣になります。だから、野党は出る幕がありません。

では、どうやったら自民党議員の支持を得られるか。総理大臣を目指す自民党政治家は派閥を作ります。自分が国会議員に連続して当選するのはもちろん、子分となる国会議員を当選させなければなりません。選挙に出たがっている人材を発掘し、資金の面倒を見て、選挙区を見つけ、自民党の公認をとってくる。こうして子分を養い、派閥を大きくしますが、一つの派閥だけで自民党の過半数を制した例はありません。そこで派閥どうしが連合し、総裁選挙での勝利を目指すのです。総裁を出した派閥は総裁派閥、勝ち組は主流派です。総裁派閥は主流派との連合を組みます。今の安倍内閣で言えば、安倍首相は細田博之が会長を務める清和政策研究会の出身で、麻生太郎の志公会、二階俊博の志帥会と三派連合を組んでいます。今の自民党の主流派は、細田派・麻生派・二階派です。この三派を合わせると、自民党国会議員の過半数ですから、他の人たちは手も足も出ません。安倍首相に取って代わろうとする自民党政治家が出てこない理由です。

以上、安倍内閣が「一強」と呼ばれる理由です。

ただし、安倍首相は今の主流派体制を維持しようと思ったら、麻生派と二階派との関係に気を使わねばなりません。現に麻生太郎には副総理兼財務大臣として政府の要職を委ね、二階俊博には自民党幹事長として与党の取りまとめを預けています。

特に、今の安倍内閣成立以来、麻生副総理兼財務大臣は在任し続けています。その間、麻生は財務省の代弁者です。ことあるごとに「消費税を増税しろ」と迫っています。

理由はおわかりでしょう。消費税は政権に対する拒否権です。増税を掲げ続ける限り、強すぎる政権にならないメカニズムは既にお話ししました。麻生氏の立場からしたら、「ほどほどに強い安倍内閣」ならば、永遠に続いてもらって構わないのです。

安倍首相が麻生財務大臣に「お前の代わりはいくらでもいる！」と麻生派を切って、他の派閥で主流派を形成すれば良いのですが、その根性は無いようです。

同じことは、二階派に対しても言えます。安倍首相は中国に対して強硬な姿勢のように思われています。しかし、主流派で党の要の二階氏は、親中派で有名です。仮に安倍内閣が中国に対して強い姿勢を示そうものなら、二階派がブレーキをかけるでしょう。

財務省の代理人の麻生派と親中派の二階派と組んでいる限り、安倍内閣は安泰です。だから本当に政権が維持できないと危機感を抱くと増税を「延期」しますが、国民が怒らない限り財務省を味方に付けていた方が、政権が安定すると思っているのです。

第二の謎への答えです。デフレなのに増税をしたがる。そんな出鱈目な政策を掲げている与党が、なぜ勝てるのか？

安倍・麻生・二階の三人が組んでいる限り、デフレ期に増税をしようが何をしようが、選挙で負けない体制が出来上がっているからです。それが自民党というシステムなのです。

では、自民党とは何なのか？

もともとは昭和三十（一九五五）年に、自由党と日本民主党という二つの保守政党が合同して成立した政党です。この場合の保守とは、「アメリカと組む」という意味です。なぜ、アメリカなのか？

自民党結党の時は、米ソ冷戦の真っ最中でした。アメリカは自由主義陣営、「人を殺してはならない」という価値観が通じる国の盟主です。対するソ連は共産主義陣営、「全世界の政府を暴力で転覆しよう」という価値観を押し付ける支配者です。このソ連に呼応する勢力が日本にもいました。日本社会党です。

昭和二十年の敗戦以来、二大保守勢力の争いは、最終的に社会党と組んだ方が勝つ、という結果を繰り返してきました。保守が仲間割れをしている内に社会党が勢力を伸ばすのでは、何をやっているかわかりません。そこで、社会党に対抗するために保守合同がなされ、自民党が結成されました。自民党と社会党の二つの政党が衆議院の九割を占めます。これを「五十五年体制」と呼びます。自民党そのものが米ソ冷戦の産物だったのです。

今やソ連は存在しません。もはや自民党に存在意義などないのです。

では、なぜ今も残っているのか。はっきり言って、惰性です。冷戦期、ソ連を日本政治に介入させまいと、巨大権力を持つ自民党を結成しました。しかし、人間は一度でも権力を持つと、手放したくなくなる生き物です。

ついでに言うと、昭和四十七（一九七二）年、時の田中角栄内閣はそれまで仲良くしていた台湾を切り捨て、大陸の中華人民共和国（中国共産党）こそ中国唯一の正統政府だと承認しました。中国が親分のソ連に逆らい、アメリカ陣営についたので、日本も中国共産党と手を組んだのです。

その後、自民党内では親中派の勢力が急速に拡大し、今に至ります。

第三節　何の実績も無い安倍内閣

第三の謎です。そんなに長期政権の安倍内閣が、なぜ何の実績も無いのか？

何もやらないことで、長期政権化しているからです。何もしないということは、誰の既得権益も犯さないからです。既に利権を握っている人たちからすると安倍内閣は安心なので、どれだけ長くやっていただいても構わないのです。これでマトモな実績が出たら、奇跡です。

評価が定まっている、昭和の歴代首相と比較しましょう。

吉田　茂…サンフランシスコ講和条約。日本を占領状態から脱する。
鳩山一郎…日ソ共同宣言。シベリア抑留者を取り返す。

岸　信介…日米安保条約。一方的軍事的従属から脱する。

池田勇人…高度経済成長。日本を経済大国に押し上げる。

佐藤栄作…小笠原・沖縄返還。戦争で盗られた領土を交渉で取り返す。


いずれも教科書に載っている業績です。それぞれ、意味があります。さて、ここに比肩しうるような実績が、安倍内閣にあるでしょうか。安倍首相は、北朝鮮拉致問題、北方領土交渉、憲法改正と、あちこち手を付けていますが、どれ一つ成果は出ていません。当たり前ですが、外交には相手があります。たかが増税も阻止できない安倍首相相手に、北朝鮮が日本人拉致被害者を返すでしょうか。ロシアが北方領土を返すでしょうか。向こうからしたら「取り返したかったら、命がけで来い！」です。

安倍首相のように、「何かしら業績（レガシー）になるようなことがしたい」では話になりません。

ならば、憲法改正はどうか？

日本国憲法の改正には、衆参両院の三分の二の発議と国民投票での過半数の同意が必要です。平成二十八年からの三年間、安倍首相の支持勢力は衆参両院で三分の二を超えていました。ところが、議論すらできませんでした。与党内に反対勢力がいるからです。

今の安倍自民党内閣は、公明党との連立内閣です。自民党は公明党と連立内閣を組んで、二十年になります。その間、三年半の野党生活も共にしました。最初は参議院で自民党が多数を失ったので公明党の協力を得るために連立を組んだのですが、今や自民党にとって公明党は無くてはならない存在です。衆参両院で過半数を得ていても、連立から追い出すような真似はしません。

公明党の支持母体は、宗教団体の創価学会です。創価学会の集票力は全国で六〇〇万票以上です。衆議院の三百選挙区ごとに二万票を持つと言われています。自民党は常に衆議院で約三百議席を持ちますが、では創価学会が支援してくれないとどうなるか。間違いなく百議席は減ります。そうなると過半数割れ、政権を失います。もっとも、平成二十一（二〇〇九）年総選挙では、あまりにも自民党への逆風が強く、創価学会が支援してくれても大敗しましたが。

はっきり言えば、自民党は選挙を創価学会に丸抱えしてもらっているのです。公明党が創価学会の下請けなら、自民党は孫請けです。では、その創価学会の意向に逆らえるか。逆らえる訳がありません。

創価学会・公明党は、時代に合わせて条文を書き足す「加憲」を主張していますが、基本的には日本国憲法を守る立場の護憲です。改憲にはアレルギーがあるのです。安倍内閣の与党が三分の二を超えたと言っても、公明党を含めての話です。安倍首相が創価学会・公明党に嫌われる、下手をすれば政権を失う覚悟で説得しなければ、憲法改正の話など一歩も進むはずがありません。それどころか、景気回復も不十分です。

最強官庁の財務省に逆らえないから、景気回復が減速するとわかっていても増税する。安倍首相が財務省に逆らえないのは、財務省が行政と予算を握っているからです。予算、すなわちお金の使い道は、国家の意思です。予算の専門家である財務省に「福祉に使うのにお金が足りませんから、増税をお願いします」と頼まれると、政治家は「そういうものか」と納得してしまうのです。選挙に行くのは圧倒的に高齢者ですから、政治家は福祉には敏感です。極端でも何でもないことを言ってしまえば、「日本経済全体がどうなろうと、自分に票を入れてくれる人にだけ金をバラまけばいい」が、自民党政治です。

自民党で「実力政治家」と言えば、「財務省から予算を引っ張ってこれる人」です。

予算編成は毎年行われています。一月になると、テレビでは予算中継が行われています。予算は国会が承認しないと成立しないので、審議しているのです。ただし、本当に予算の中身を審議したことなどありません。政府が提出した予算が一円でも修正されたら、何十年に一度の大事件です。

予算の成立を、逆算していきましょう。

予算は国会が承認すると、成立です。とはいうものの、ここはセレモニーです。

国会に予算案を提出するのは、政府です。最終的には閣議決定されると、予算が確定です。ただ、戦前はともかく、戦後は予算が閣議で議論されることはありません。その前に決まっています。

予算の原案は、財務省の主計局という部局で作成します。主計局が予算原案を作成し、それに対し、他の全省庁が要求をする。「あれを削らないでくれ」「これを増やしてくれ」という具合です。省庁には政治家の応援団がいます。農水省には農水族、厚生労働省には社労族、という具合に。この政治家の応援団は、族議員とも呼ばれます。政治家の背後には、予算が欲しい業界団体がついています。

主計局は、そうした要望を捌くのが仕事です。「捌く」は「裁く」の方が正しいかもしれません。実際、アンパイアの役割です。はっきり言いますが、財務省とは主計局のことです。他の全省庁が束になってもかなわない権限を持っています。予算が無ければ政治家も役人も何もできませんから。予算はムチにもアメにもなります。政治家や役人、業界団体にとって、予算を削られるのはムチです。逆に、予算を貰えればアメです。財務省主計局は、予算を使って他のすべてを操っているのです。ただ、予算以外の武器も使います。

主計局は政治家の中の最高権力者である総理大臣をも操るために、消費増税を武器として使っています。歴代総理大臣は官僚に舐められることはなかったのですが、年が経つにつれ劣化する政治家を、主計局が舐めているから、「増税を延期だ、いや断行だ」と年がら年中大騒ぎする羽目になっているのです。

こんな状況で、何か実績を残せたら、奇跡です。

第四節　日本の悲劇は野党の不在

第四の謎です。そんな与党に勝てない野党は、一体何なのか？

野党がもっとひどいから、安倍自民党が「一強」のまま長期政権化したのです。安倍首相は令和元年の参議院選挙で「民主党の悪夢」を連呼しました。六年も政権を独占していて何の実績もない安倍首相には、「自分たちは民主党よりマシ」「民主党の悪夢に戻っていいのか」と有権者を脅すしか方法がないのです。

あげくには、「消費増税は民主党政権の時の三党合意で決めたから、それに縛られている」とまで言い出しました。安倍首相の政権公約は「戦後レジームからの脱却」でした。「日本はいつまでも敗戦国のままではいない」の意味です。もはや存在しない民主党が決めた政策をひっくり返せなくて、アメリカが押し付けてきた日本国憲法を変えられるのか。言ってて恥ずかしくないのかと思います。ちなみに三党合意での消費増税には、野党だった自民党と公明党も賛成しています。

こんな出鱈目な言説が許されるほど民主党はひどかったので、「政権担当能力がある政党は自民党だけだ」という幻想がいまだに蔓延しているのです。

そもそも、民主制とは、有権者が選挙により代表を選ぶことです。選択肢が三つ以上必要かどうかはともかく、最低限二つの選択肢が無ければ選挙の意味がありません。まともな政党が一つしかないなら、選挙をやめて独裁政治をやればよいのです。今や、まともな選択肢が一つもない状態ですが、どうしてこうなったのでしょうか。

五十五年体制において野党が不在であった理由を、簡単に時系列で御説明します。

日本社会党の存在は三十八年にわたり、自民党の一党優位、そして腐敗を助長しました。自民党は如何に腐敗しようとも、「まさか社会党に政権を渡すわけにはいかない」が決め台詞で、常に選挙に勝ち続けました。

では、社会党の腐敗はどれほどだったか？

まず、衆議院選挙で過半数の候補者を立てたことがありません。そもそも政権を取る気が無いのです。政権など取ったら、責任も取らねばならなくなります。政権運営に失敗すると、次の選挙で落選するかもしれません。だから、与党になどなりたくないのです。では、どうやったら野党でいられるか。何か支持者を得られる主張を見つけなければなりません。そこで言い出したのが「護憲」です。衆議院でも参議院でもどちらかで三分の一の議席を得ていれば、憲法改正を阻止できます。日本国憲法の条文は、一文字も変えられません。

常に衆議院で五一％の議席が欲しい自民党と、衆参どちらでもいいから三四％の議席が欲しい社会党。共犯関係が出来上がりました。社会党のようにやる気がない政党が野党第一党に居座ってくれたら、マトモな野党が伸びません。自民党にとっても都合がいいので、裏金や票を回して社会党を支え続けました。表では敵対しているようで、裏では仲間なのです。

平成になると、こうした談合体制を打破しようとした勢力が登場しました。

一度は自民党の分裂の際に野党が連立政権を組みましたが、一年も持たずに潰れました。このドサクサで社会党は自民党と組んで政権につきます。村山富市社会党内閣の時に阪神・淡路大震災に直面し、無能の限りをさらけ出しました。社会党は、内閣総辞職後に解党してしまいます。

本格的に自民党に代わる政党として登場したのが、民主党です。この党は、「政権交代」だけを旗印に、多様な勢力が野合しました。そして三年半の政権で無能の限りを尽くしました。特に今でも印象深いのが東日本大震災の対応で、「首相官邸が風評被害の発信源」と化していました。民主党も、下野後に解党します。

旧民主党は離合集散を繰り広げながら、安倍内閣の延命を許し続けてきました。政権を取る気のない様子は、社会党と瓜二つです。

社会党、民主党、旧民主党系諸派。三つを比べて最もマシなのは、民主党です。政権を取る意思と能力があった、という一点だけで。

常に権力の座にありつきたい自民党と、さらに無能で腐敗した野党。

それでも「最後は自民党しかない」と有権者が納得したのは、昭和時代は経済が良かったからです。なんといっても「世界一豊かな国」ですし、「総中流社会」ですから不満はないのです。

二度も政権の座から叩き落とされたのは、平成時代が慢性的に不況だったからです。ところが、すぐに自民党に政権は戻ってきました。その理由はいくつかあるのですが、二つ挙げます。

一つは、自民党に代わった政権はいずれも、有効な経済政策を打ち出せなかったことです。特に民主党に至っては三年半も政権にいながら、不況を悪化させただけ。唯一の〝功績〟が消費増税という体たらくです。

もう一つは、官僚機構との付き合い方が下手だったことです。当たり前の話ですが、自民党は何十年も政権与党として官僚と付き合っているのです。官僚に操られるのも、年季が入っているのです。自民党は官僚が書いた台本に従って踊るのが上手い。ただ、それだけです。

昭和の自民党は「経済だけはちゃんとする」でした。平成の自民党は景気回復すら満足にできません。安倍内閣は例外的に、緩やかな景気回復をしているので、長期政権と化しました。消費増税で、それすら怪しいですが。

令和の自民党は、「災害対策だけはちゃんとやってやる。東日本大震災のようなことが起きてもいいのか」と国民に迫ってくるでしょう。

現状だけを見て、「政治とは、よりマシな選択の連続だ」とニヒルを気取っていると、底なしに劣化していくだけです。

第五節　絶望的に知性が欠如した自民党議員

世の中には、勉強しても勉強しても、成績が上がらない可哀想な子供がいます。自民党の政治家は、いくら勉強しても成績が上がらない子供のようなものです。たいていの自民党の政治家には、共通点があります。頭が悪いのではないのです（意外と高学歴集団です）。勉強のやり方が、絶望的に間違っているのです。そもそも、勉強の概念が間違っているのです。

たとえば、東京から岡山県に行きたいとしましょう。新幹線を使うとします。東京駅から東海道新幹線に乗れば、着きます。ところが、上野駅で東北新幹線に乗るか在来線に乗るかを必死で議論しているのが、自民党です。延々と上野駅で愚にもつかない議論をしているのです。絶対に正解の出ない議論を。上野駅から東京駅なんて十分で移動できるのですから、さっさと山手線なり京浜東北線に乗ってしまえば良いのです。ところが、そういう議論が出てこないのです。

このたとえ、おちょくりすぎだと思ったでしょうか？　申し訳ないですが、自民党の頭の使い方の悪さを考えれば、これでも優しい言い方をしているのですが（苦笑）。

多くの自民党議員は、平気で「いつ増税ができるんだ？」「増税をしてもデフレ脱却できる方法を考えよう」と口にします。そういうことを言うから、「東北新幹線で岡山県に着く方法を議論している」と揶揄したくなるのです。「そんな方法はない！」と叱る野党や有権者がいないから調子に乗るのです。

世間では、自民党の政治家と言うと、夜な夜な料亭で宴会を繰り広げていると思われているでしょう。さすがに毎日はやっていないでしょう。むしろ朝早くから勉強会を開いています。六時や七時に開始の朝食会は日常茶飯事です。まさに「勉強時間だけは多い受験生」です。ところが、問題は勉強の内容です。自民党の国会議員たちは、一生懸命に官僚の話を聞いているのです。官僚から情報を貰うことを勉強だと思っているのです。それだけでも絶望的に救いがたいのですが、官僚から情報を貰えるのが実力政治家の証であり、官僚の話さえ聞いていれば他の人間など無視していいとすら思っています。救いがたい頭の悪さに傲慢さが加わっているのが、今の自民党です。

これがどうして頭が悪いのか。もし、官僚が間違ったこと、国民の不利益になることを言っていたら、どうするのでしょうか。そして、官僚は間違ったこと、国民の不利益になることを平気で政治家に吹き込みに来るのです。そういう生き物なのです。

官僚は、どこかの組織に所属しています。たとえば、財務省に所属するから財務官僚です。官僚は自分の所属する組織の意向に逆らったら官僚ではありません。どこの役所も、自分の権限と予算を拡大するために、しのぎを削ります。これは決して悪いことではありません。日本の官僚機構で自分たちの予算と権限を削られて喜んでいるのは、防衛省・自衛隊くらいです。権限と予算の争奪は、官僚の活力にもなります。

たとえばＯＤＡ（政府開発援助）を例に挙げましょう。ＯＤＡとは途上国の政府に対して資金援助をすることです。日本外交の武器です。相手国に貸しを作れます。外交を担当する外務省や貿易を担当する経済産業省は、ＯＤＡの額が大きいほど自分たちが使える「武器」が増えるので、予算を求めます。そして、その武器を自分たちに使わせろと、権限争いをします。それに対して財布の紐を締めるのが財務省の役割です。ここで外務官僚は経産省の主張が正しいと思っていても外務省の立場を主張しなければならないですし、逆もしかりです。

スポーツでも、審判がミスジャッジをして相手チームが猛抗議をしている時に、自分の不利になるように申告する選手がいないのと同じです。アマチュアスポーツならともかく、プロスポーツではありえません。官僚の権限争奪も、それと同じようなものです。

こうした争いは、最終的には政治家が裁定するはずなのですが、選挙で忙しい政治家は政策なんてわからないので、官僚の「ご説明」により勉強しているのが現状です。官僚は決して、自分の省に不利になることは言いません。

本書では財務省に対してかなり厳しいことを書いていますが、もともとは愛国官庁です。多くの官僚が仕事熱心で、自由闊達な議論が許される気風に溢れていました。つい最近でも確認できたことですが、上司に対して部下が対等に議論して構わない官庁だそうです。ただし条件（ルール）があって、最終的な結論には従う。決定に反対意見でも、自分の本音を外部に漏らさない、です。

だから、政治家のところに「御説明」と称して増税の必要性を訴えている財務官僚が、実は省内では増税反対の急先鋒ということが多々ありうるのです。そういう時、「この主張に反対してください」というニュアンスを説明に混ぜることがあります。昔の自民党政治家は、そういうのを見抜けたものでした。

ところが最近の自民党政治家は劣化していますから、「東大を出た財務官僚の言うことだから信じてよいのだろう」と、まともに経済を勉強したことが無い人が一瞬にして増税派になった、という笑えない喜劇が生じます。

なぜ自民党には絶望的に知性が欠落しているのか。官僚の話を聞くことだけが勉強だと思っているからです。

真面目な官僚が、「それでは困る！」と嘆いている理由は、本節の説明を読めばおわかりでしょう。

第六節　財務省を超える最強官庁

新聞などを読むと、「内閣人事局発足以来、官僚人事は首相官邸が牛耳っている。だから官僚機構は安倍内閣に逆らえない」との解説が見受けられます。

確かにその通りです。ただし、例外が二つあります。

一つは、ここまでお話ししてきた財務省です。もう一つが、内閣法制局です。この両者は、政権に対する拒否権を保持していますから、人事介入ができません。官僚に対する「安倍一強」は、「法制局と主計局以外」という但し書きがついているのです。

それでも安倍首相も、増税をして景気が悪くなれば自分の政権維持もままならないのですから、財務省に対しては戦わねばならないとの意識はあるようです。結局、完敗したので増税に至る訳ですが、何回選挙をやっても野党に負けないなら、わざわざ財務省を敵に回す必要が無いと考えたのです。何の実績もないのに国政選挙で全戦全勝の六連勝ですから、「どうせ、国民は自分以外に選択肢はない」と国民を舐め切った訳です。

一方、内閣法制局に対しては白旗です。それは、平成二十七（二〇一五）年の安保法制騒動で如実に表れました。

安倍首相の悲願は、「集団的自衛権の解釈変更」でした。安倍内閣によれば、「これまでは集団的自衛権は保持していたけれども、行使できないとの解釈だった。これを変更する」との政策です。では、その解釈を打ち出したのは誰か。内閣法制局です。

内閣法制局とは、憲法を頂点とする日本政府の法令すべての解釈を司ります。その見解は、政府解釈であり、法律と同じ効力を持ちます。法制局が見解を示せば、日本中のすべての政治家と官僚がひれ伏します。

絶大な権威を持つ法制局に対し、安倍首相も最初だけは喧嘩を売りました。

安倍首相は平成二十四年の衆議院選挙で政権に返り咲き、翌年の東京都議会議員選挙と参議院選挙で連勝しました。その勢いに乗って、発足以来、誰一人介入できなかった内閣法制局長官人事に介入します。本来ならば横畠裕介次長の昇格が既定路線だったのですが、安倍首相は腹心の小松一郎・元駐仏大使を長官に送り込みます。集団的自衛権の解釈変更を行うためです。

これに対し、法制局は即座に報復します。法制局では月に一回、「参与会」なる会議が開かれます。参与会は歴代長官OBで構成されます。小松長官が就任して初めての会議の議題が「クーリングオフの法的問題点について」です。クーリングオフとは、訪問販売などで無理やりさせられた契約を、特定の期限内ならペナルティー無しで解約できる制度のことです。外交官がクーリングオフなんて知っているはずがありません。参与会では、延々と細かい法律の技術論が飛び交い、小松長官は何も答えられるはずもなく、しどろもどろだったとか。この会議の後、記者の取材に対し法制局の官僚は「今度の長官は、法律にあまりお詳しくないようで」と答えています。

のっけからこれです。日常の業務がどんなものか、想像に難くありません。要するに、法制局は余所者の長官を、真綿で首を絞めるようにイジめたのです。実は、小松長官は既に癌でした。癌に一番よくないのがストレスですが、こういうことが続く職場で激務をこなせるはずがありません。一年もたたずに退任。後任の長官は、横畠次長の昇格です。安倍首相は、集団的自衛権の解釈変更に取り組みます。この時、横畠長官に頼りきりでした。

平成二十五年十月一日に消費増税の決定を発表。翌二十六年四月から八％に増税した途端に景気が悪化し、十％への増税を延期しました。ちょうど、経済問題が小康状態になっていた時に、安倍首相は長年のライフワークである集団的自衛権の解釈変更に取り組み始めたのです。こうして平成二十七年は、ほぼ一年中、この問題で揺れることとなります。

反対運動は燎原の火のように広がり、国会を公称十万人、少なく見ても五万人のデモ隊が取り囲む騒動となります。国会でも安倍首相の答弁は説得力を欠きました。野党の質問も一本調子でしたが、安倍首相の答弁も何を言っているかわかりません。それでも安倍首相の意気込みは相当で、自らテレビ出演を売り込んで法案の趣旨を説明していましたが、しゃべればしゃべるほど、何を言っているのかわからず、説得力を失うという状態でした。それこそ安倍首相、法律は素人ですから、ちゃんとした説明ができるはずがないのです。それなりに法律用語を並べていましたが、間違いなく自分の言っていることも理解できていなかったでしょう。

この時、「安倍対反安倍」で日本は二分されました。

安倍首相及び支持者は「これまで一貫して内閣法制局が守ってきた憲法解釈を変えるぞ！」と主張し、野党及び反対派は「これまで一貫して内閣法制局が守ってきた憲法解釈を変えるな！」と抵抗する。

日本中が、この二択で敵味方に色分けされました。そうした光景を苦々しく思っていました。私はどちらにも反対だったからです。

そもそも、大前提の「これまで一貫して内閣法制局が守ってきた憲法解釈」が嘘です。

国際法では、自分の身を自分一人で守れば個別的自衛権の行使、仲間を作って誰か一人が攻撃されたら全員で助け合うのが、集団的自衛権です。いずれも自衛権には変わりありません。世界中の国が、そう理解しています。

そして、日米安保条約が、集団的自衛権を行使するための条約です。日本は米軍に基地を提供しています。これは集団的自衛権の行使です。アメリカは朝鮮戦争やベトナム戦争、湾岸戦争やイラク戦争など、多くの戦争で在日米軍基地を使っています。日本は中立国ではありません。アメリカの同盟国であり、交戦国です。集団的自衛権など、とっくに行使しているのです。それを内閣法制局が勝手な解釈で「保持しているけど行使できない」など言い出しただけです。

政治家が多少でも勉強していれば簡単に気付くような話なのですが、本当に勉強不足なのと、官僚の話は無条件で信じてしまう性癖が染みついているのです。はっきり言います。安倍首相に限らず、自民党の政治家はまともな勉強をしていないから、官僚に頼りきりなのです。

今の自民党は、選挙は創価学会、予算と行政は主計局、そして法律は法制局に丸投げです。その三つに逆らわなければ、「安倍一強」です。それに何の意味があるかは知りませんが。

第七節　皇室を足蹴にする内閣法制局

内閣法制局は、日本の憲法・条約・日本政府が提出するすべての法令の整合性に目を光らせている役所です。すべての日本国の法の解釈権を握っています。財務省が予算を付ければ、国会で作った法律に対してでも、「それは憲法違反の疑義がある」とクレームを付け、執行を止めることができます。財務省は徹夜してでも、頭をひねって直します。「我は富士山」と豪語する財務省ですら、そうなのです。他の役所に至っては、自分たちが作りたい法案を、句読点まで含めてすべて直されます。念のために言っておきますが、これは比喩ではなく、法律の文章は句読点の位置によって意味が変わってくるので、法律の解釈権を握る法制局は絶対なのです。まるで生徒の答案を採点する先生です。その「生徒」にすぎない官僚に頼り切っている自民党の政治家など、法制局から見たら幼稚園児です。

財務省主計局は、他の官庁に対して予算を武器に言うことを聞かせます。ところが法制局だけは年間十億円の人件費くらいしか予算が要らないので、削りようがないのです。

官庁の力関係は、拒否権で言えば法制局が最強です。財務省主計局も二番手にすぎません。ただし、法制局はムチを持っているにすぎません。法律を作る時に政治家や他の官庁が頭を下げに来ますが、自分から「こういう法律を作りましょう」と提案することはありません。また、一般の国民と接することもありません。

それに対して財務省は、予算という、アメを持っています。また、税務署も財務省の管轄ですから、政治家や民間企業の金の流れを押さえ、時には脱税の疑いで捜査します。大人になればわかりますが、別に法律に違反していなくても、他人に知られたくないお金の流れはあるものなのです。

このように、現在の日本は法制局と主計局が支配する官僚国家です。これは政治家を甘やかし続けた日本国民の責任です。そして支配者である官僚の増長は甚だしく、とうとう皇室にまで手をかけてきました。

最近、内閣法制局の力がはっきり示された例があります。平成から令和へと元号が変わった時のことです。

今の上皇陛下がご譲位されることが決まって、新帝陛下の元号を準備することになった時のことです。手続きに時間がかかることを理由に、新帝陛下が皇位を引き継ぐ践祚の前に新元号を発表してしまおうという暴挙が行われました。新帝陛下の皇位継承は令和元（二〇一九）年五月一日、新元号の公表は先立つ四月一日、年度の変わり目です。

元号が表記された公文書のひとつに、運転免許証があります。運転免許証は一定期間ごとに更新が義務付けられているので、表面の一番目立つところに有効期限が書かれています。平成三十一年四月一日に更新した人は、「平成三十六年四月一日まで有効」となっているはずです。五月から今上陛下が皇位につきましたから、「平成三十六年」は存在しません。では、元号を新帝践祚前に発表したのは、何だったのでしょうか。

元号法には、「天皇の代替わりがあった時にだけ変える」とだけ書いてあります。

元号法

1　元号は、政令で定める。

2　元号は、皇位の継承があった場合に限り改める。

ところが内閣法制局は、「事前公表しただけだから、変えたわけではない」と主張します。だから、お役所の文書である公文書では「絶対に令和を使うな」とお達しを出したのです。免許証を発行する国家公安委員会は、総務省の管轄下にあります。全省庁は内閣法制局の命令に逆らえません。内閣法制局は、それだけの権力があるのです。

彼らは国民生活のことなど考えていません。自分たちの権威や権力を誇示したいだけです。自分たちの中で訳のわからない法律論をこねくり回して、みんなが「あの人たちの言っていることだから正しい」と思い込む状況が、この上なく喜びなのです。

今回、史上初めて元号の事前公表が行われました。政府は「ウィンドウズのシステム対応が大変だ。だから事前公表しなければならない」との説明で押し切りました。しかし、マイクロソフト社は即座に否定しています。また、日本中のシステムエンジニアから笑い者にされましたが、システム対応に一か月もかかるなど、ありえないのです。

では、なぜ政府は事前公表にこだわったのでしょうか。いまだに公式見解は、「ウィンドウズのシステム対応が大変だと思った」です。いかに子供じみていても、公式見解をいくらつついても、それ以上の本音は出てこないでしょう。そこで、事実と論理で突き詰めていくしかありません。

そこで考える手掛かりとなるのが歴史です。

西暦六四五年に日本史上初の元号である大化が定められて以来、改元は天皇の大権でした。もちろん、実質的には時の権力者の意向に左右されてきたのですが、形式的には一貫して天皇の権限です。事前公表など、一度もありません。

これは、平成改元の際も守られた先例です。晩年の昭和天皇は、一年以上も病床に臥せっていました。マスコミなどは「Xデー」に備えていました。今は一世一元の制で、天皇の代替わりに際しては、改元が行われます。政府は当然、次の元号を用意していました。便利さだけを考えれば、公表した方が便利だったでしょう。

しかし、公表しませんでした。もちろんこの時は、新元号を事前公表するなど、昭和天皇の御快癒を祈っているすべての人々に失礼だからできるはずがないという事情はありました。そうだとしても、先例は守られました。

本書第三章を読まれた方には、先例の大事さは説明不要でしょう。ところが安倍内閣では先例など顧みられませんでした。

改元に際しては色々と皇室に対して失礼がありました。報道では、「皇室に配慮すれば国民主権を定めた日本国憲法に違反する恐れがある」との法制局の意向まで伝わってきました。咎めるマスコミもありませんでした。

第三章で「天皇ロボット説」について解説しましたが、こんな奇説を政府の解釈にしたのも法制局です。

第八節　官僚より強い政治家が必要

なぜ法制局と主計局には、絶大な力があるのでしょうか。政治家、特に自民党が絶望的に馬鹿だからです、と言ってしまうのは簡単です。では、どう馬鹿なのかがわからないと、処方箋を出せません。

病原体は、「日本の官僚は優秀だ」という幻想です。日本国の法律は矛盾が無く、予算は一円単位で整合性がある。だから、「日本の官僚は優秀だ」という幻想です。

事実、その通りです。だから、幻想だと言うのです。そして、そんな幻想に騙されているから、政治家、特に自民党は絶望的に馬鹿なのです。

外国では、法律の矛盾なんか気にしません。新しい法律を作る時には日付を書いておき、最後に「この法律よりも前にできた法律と矛盾するときは、この法律を優先する」と書いておきます。書いていなくても優先される原則があります。「後法優先の原則」と言います。ところが、日本では政治家が新しい法律を作ろうと思っても、法制局にお伺いを立てます。そこで、「今ある法律と矛盾するからできません」との意見が返ってくると、国会議員の先生方はすごすごと引き下がります。小学生以下の知能です。

小学校では、「立法権は国会にある。国会議員の仕事は法律を作ること」と習いますが、これでは法制局のお許しが出た法律しか作れないのと同じです。選挙で選ばれた国民の代表が官僚に騙されるから、国民も政治家も官僚に舐められるのです。本来の法制局の仕事は、新しい法律を作る時に矛盾が出ないように変えなければならない法律を調べてくることです。その時に、意見を言っても良いことにはなっています。調査と意見だけが仕事なのですが、政治家がこんな基本的なことも知らないのをいいことに、増長して勝手に拒否権を持ったのです。法制局の見解が法律と同じ効力を持つのも、彼らの増長を皆が許した結果です。

主計局だって同じです。収入と支出が一円単位で合う。民間企業だったら、「だから何?」で終了です。もちろん使途不明金が多すぎるのも困りますが、しょせん予算なんて計画書にすぎないのですから、帳尻なんて合わなくていいのです。帳尻を合わせることと、経済政策で国民を豊かにして自殺者や失業者を減らすのと、どちらが大事なのでしょうか?

官僚が、「我々は優秀です。日本国の法律は矛盾が無く、予算は一円単位で整合性があっています」と威張った時に、「そんな能力はいらん! もっと大事なことに自分たちの能力を使え。恥ずかしくないのか!」と叱りつけないから、日本はダメな国なのです。

では、誰が叱りつけるか?

少なからずの国民が怒り、ちゃんとした政治家を国会や政府に送り込まなければならないのです。

こういうことを言うと、すぐに「財務省解体」とか「法制局を潰せ」と言い出す人がいますが、意味がありません。

法制局と主計局が強いのは、まともな民主国家の証拠ですから。

独裁国では、軍隊や秘密警察が強力です。つまり、暴力を握っている組織が強いのです。

いざとなればクーデターや暗殺で法を捻じ曲げられる可能性がある国では、法律や予算よりも、軍や秘密警察の方が強くなるのは当たり前でしょう。口喧嘩よりも殴り合いの方が優先するという、単純な理屈です。

日本のような、政治を暴力で解決してはなりません、すべての人は法に従いましょう、という国では軍が強くなることはありませんし（今の自衛隊は弱すぎますが）、そもそも秘密警察なんて国民の私生活を監視するような組織が存在しません。中国や北朝鮮、ロシアのような独裁国では、気に入らない国民を秘密警察が拉致監禁して、時には平気で殺します。間違いなく日本は、そういう野蛮な国ではありません。

イギリスは民主政治の母国と言われます。なぜそう言われるかというと、法制局や財務省主計局のような官僚機構を政治家がコントロールすることによって、民主政治を発展させ、世界の手本となったからです。

イギリスで法制局長官に当たる職は大法官と言います。大法官は日本の法制局長官より権限は絶大で、つい最近まで貴族院議長と法務大臣と最高裁長官を兼ね備える権限を持っていました。だから、「歩く三権分立の例外」と称されたほどです。

イギリス議会政治は、特権貴族の牙城である貴族院に対し、選挙で選ばれた衆議院が優越していくことで発展します。今では、「何をやるかを決めるのは衆議院」「法律の整合性を技術的に審査するのが貴族院」と役割分担をしています。数百年かけて貴族院の権限を奪い、衆議院の優越を確立しました。すると今度は貴族院不要論が出ます。そこで貴族院の議員たちは、高度な議論を見せることにより、存在意義を示します。自分たちで「世界一レベルが高い議論が見たければイギリス貴族院に行け」と自慢するほどです。

長い歴史を経て、衆議院選挙で勝利した政党の党首が総理大臣に任命され内閣を組織する慣例が確立します。そして、与党の大臣が役所に乗り込みます。官僚をコントロールするためです。

もともと内閣は国王の大臣たちの集まりでした。やがて国王は「君臨すれども統治せず」で知られる原則を守るようになり、閣議に出なくなります。国王がいなくなった閣議で主催者となった大臣が「Prime minister」と呼ばれるようになりました。直訳すれば「首席大臣」、これが総理大臣の始まりです。

イギリスのPrime ministerは世界最初の総理大臣なのですが、最初から存在した役職ではありません。第一大蔵大臣が総理大臣となる慣例が積み重ねられました。本来の大蔵大臣の役割は第二大蔵大臣が果たすようになり、今に至ります。

イギリス議会政治の考え方は、「政治とは、国民から集めた税金をいかにして予算として使うか」です。だから選挙で多数を得た政党の党首が総理大臣となり、税金の使い道を決めなければならないという考え方なのです。当然、政治家は官僚の専門的な知識や情報に対抗できる知見を持ってこそ、真の民主政治が実現できると考え、このような運用をしているのです。日本も、戦前からイギリスに憧れ真似をし、日本国憲法ではイギリス型民主政治（議院内閣制）を条文に書き込んでいます。

しかし、制度だけ真似しても、運用の方が大事です。つまり、政治家がしっかりしなければ、意味が無いのです。強い官僚を弱めようというのは本末転倒で、強い官僚を使いこなせるもっと強い政治家を育ててこそ、国は強くなると考えたのがイギリス人です。

民主主義の国の政治家には、三つの仕事があるといわれています。

第一は、立法です。第二は予算です。しかし、この二つは、どうしても官僚の方が詳しくなります。政治家は選挙がありますから、法律や予算はその片手間になります。一方で官僚は、年がら年中、向き合っています。特に日本の官僚の真面目さは世界有数です。家庭を犠牲にしてまで朝から晩まで働くなど、当たり前です。官僚からしたら、付け焼刃の勉強しかしていない政治家を操るなど、朝飯前です。日本の政治家の不勉強と官僚の仕事中毒は世界的に異常ですが、どこの国でも官僚の方が政治家より仕事に詳しいのは当然の傾向なのです。

そこで、官僚にはできない、政治家の仕事が第三です。それは官僚の監視です。官僚自身には、官僚の監視はできません。

官僚の監視をする方法は、選挙で選ばれた国民の代表が大臣として役所に乗り込んで、官僚を監督するのです。大臣は選挙で勝った政党が内閣を組織する時に、総理大臣が選びます。有権者の意思をふまえ、行政権力が国民に対する権利侵害をしないように「監督」します。この場合の監督は「コントロール」のことです。コントロールは、組織外の人間が組織の上に立って言うことを聞かせます。

一度決められたことは自主的に変更できないのが、官僚の特徴です。どんなに国民にとって不利益な政策が続いていても、法律に従って進められている以上、官僚が勝手に変えることはできません。決められた法律に従ってしか動けないのが、官僚なのです。

だから、政治家は官僚に会う前に、自分の頭を作っておかねばならないのです。国民の利益になるように、法律を変えるのは政治家の仕事ですから。

第九節　近代政党が日本を救う

では、どうすれば政治家は官僚に対抗、そしてコントロールできるのでしょうか。

欧米の民主国では、シンクタンク（Think-tank＝頭脳集団）を作っています。シンクタンクとは「官僚に対抗できるthink（頭脳）をtank（集める）している人たち」のことです。

日本の場合は、官僚機構そのものが万年与党の自民党のシンクタンクとなっています。官僚機構も、自分たち以外の頭脳集団を政治家が持つことを非常に嫌がります。自民党自身も、独自にシンクタンクを作る気がありません。そのなれの果ての安倍内閣の惨状については、もはや何も言わなくて構わないでしょう。

現在の日本のシンクタンクのほとんどは、官僚機構の意向に逆らいません。それどころか、官僚機構の意向を裏付けるのが仕事と化しています。だから、もっともらしい名前のシンクタンクが、「デフレは既に脱却した」「増税をしないと日本が滅びる」「貴方の年金はもらえなくなる」との調査報告を宣伝して回っているのです。

そして官僚機構も、自分たちの言いなりにならない民間のシンクタンクが成長するのを嫌がります。自分たちの支配の邪魔ですから。

しかし、彼らの権力を守るために国民が地獄に送られる訳にはいきません。では、どうしたらマトモなシンクタンクが機能するようになるか。

ヨーロッパの国は、シンクタンク機能を兼ね備えた、近代政党を作っています。

近代政党には、三つの要素があります。「綱領」「組織」「議員」です。明確な理念を表している綱領があること、理念を実現するための全国組織を持っていること、そして、その組織が当選させる議員がいることです。

日本で限りなく近代政党に近い活動をしているのは、公明党と共産党です。「綱領」にあたるのが宗教そのものだったり、宗教以上に宗教的な共産主義思想だったりしますが、両党ともに、どんなに弾圧されても負けない全国組織があり、その組織が議員を当選させる仕組みになっています。

ただし、この両党は圧倒的多数の日本人には、あまりにも受け入れられない理念を掲げているので、近代政党ではあっても国民政党ではありません。世界には、共産党の理念が国家を危うくするので、法律で非合法化している国もあります。国家を転覆しようという極端な理念を持つ彼らには、政権を取らせないという合意が国民の間にあるからです。

自民党は逆です。国民政党ではあっても、近代政党ではありません。政党を構成しているのは、「議員」「後援会」「圧力団体」です。まず議員がいて、後援会や圧力団体がくっついてきているので、理念や政策は後回しです。後援会や圧力団体と利益が反する政策は、議員自身が支持や活動資金を得られなくなって自分の首が絞まるので、基本的に言えないし、できません。そこで、政策などは官僚に考えさせておけばいいという頭になります。

それでは、近代政党はどうやって作ればよいのか。共産党は大正時代からの年季が入っていますし、創価学会も起源は戦前に遡ります。公明党結成からでも、五十年の歴史があります。公明党は、自民党に「踏まれても踏まれてもついてくる下駄の雪」などと小馬鹿にされながら力をつけました。今や力関係が逆転し、自民党の方が創価学会の孫請け機関です。公明党が下請けなので、その公明党抜きでは政権運営ができない自民党は、創価学会から見たら孫請けです。

ついでに言うと、共産党と組まねばマトモに選挙ができないのが今の野党です。

一朝一夕で近代政党を作ろうなどと言うのは、虫が良すぎる話です。

ただ、方法を考えておく必要はあります。「解」を知らないと実行できませんから。

近代政党を作るのに必要なのは、「党首・シンクタンク・スポンサー」の三つです。

党首は旗印になる人、リーダーのことです。政党とは、党首を総理大臣にしようと集まった人たちの集団です。党首を、議員・スタッフ・党員が支えるのです。党をまとめる求心力と有権者の心をつかむカリスマ性のある党首が、近代政党を作る第一条件です。すべては歴史を変えようとする英雄の意思から始まるのです。

シンクタンクはそれを支える頭脳集団です。官僚に騙されないよう政策を考えられるブレーンがいなければ、何の為の政党かわかりません。また、選挙と政争に勝つには、党首の手足となるスタッフが必要です。議員を当選させる力のある、党職員や秘書こそが重要なのです。公明党や共産党では、たいていの議員よりも実力職員・秘書の方が、階級が上です。自民党でも強い派閥では大臣よりも偉い実力秘書がいます。

スポンサーは、資金面から支える人です。政治にはお金がかかりますので最低限の金額は必要ですが、必要以上にあっても使いきれません。問題は、どのように使うのかの知恵です。お金持ちほど大義名分にこだわる人は多くいて、無駄金になると思えば一円も出しませんが、自分が納得すれば何百億円の大金でも出します。

これを実際にやった人がいます。一九七〇年代末に登場したイギリスのマーガレット・サッチャー首相です。

イギリスは第二次世界大戦の戦勝国ですが、この大戦で大英帝国時代に築いた版図をすべて失いました。戦後は左派労働党が躍進して政権を取ります。労働党政権は、社会福祉政策に邁進します。産業の国有化を進め、公営住宅の建設など積極的な公共投資によって、GDPに占める公共支出が六割にも膨張します。この結果、一九六〇年代には国全体の生産力が著しく低下して、経済危機に陥りました。この時期の慢性的な不況は、イギリス病と呼ばれます。当時のイギリスにも、日本の日教組や自治労のような労働組合があり、自虐教育も行われていたそうです。国民が経済的な困窮から社会福祉に頼る中で、保守党は左派に負けっぱなしだったといいます。

危機感を持った保守党のサッチャーは、自身が党首になると、まずシンクタンクを作ることから始めました。自分が連れて来た学者ら七人のブレーンを集め、何をやればいいのかを考えさせて、自分の頭にも叩き込みます。

さらに、その政策を実行するために、議員や秘書、スタッフを鍛え直して選挙区へ送り込みます。保守党議員を左翼と論争させながら当選させることで、勢力を拡大しました。

政権を取ったサッチャーが行ったのは、経済を政府の関与から自由にすることと、みんなが社会福祉に頼らず誇りをもって働けるようにする教育、公共支出の大幅な削減です。一言で言えば「大英帝国の誇りを思い出そう」です。それまでの左派路線から、政策が大きく転換しました。

要諦は、経済全体を豊かにする正解は何なのか、自国の歴史で大事なことは何なのか、わかっているブレーンを集めたことです。政権を取った後は、官僚機構を使って実現していけばいいのです。大事なのは、官僚が言っていることがおかしくないか、大臣が自分で判断する頭を持っていることです。

第十節　自分が目の肥えた国民になる

政治が絶対に押さえておく必要があるのは、「軍事」と「外交」、それら二つを行うための「経済」の三つです。財務大臣・外務大臣・防衛大臣がしっかりしていれば、少なくとも国を保つことができます。

政治と官僚の関係を考える時に、大事なのは「行政問題」と「政治問題」を分けて考えることです。根本的に問題の性質が違うからです。

「行政問題」は、「日本国内で利益が絶対に二つ以上に分かれる問題」のことです。

典型的なのが、ＴＰＰ（環太平洋パートナーシップ協定）です。ＴＰＰは、農林水産省は輸入業者の利益を訴え、経済産業省は輸出業者の利益を主張します。大臣はそれぞれの省庁の立場で発言し、最終的に調整します。これは、いっそのこと官僚が大臣でもできることですが、一応政治家がやっているという程度です。「国論を二分するＴＰＰ」など当たり前で、利害の調整に過ぎない行政問題を国家の命運を決める政治問題と勘違いすると、間違った結論になるに決まっています。

一方の「政治問題」は、「日本国内で一致しないといけない問題」です。皇室や北朝鮮拉致問題です。

「北朝鮮に拉致された被害者を取り返せ」という主張に異論を唱える日本人はいません。そのやり方で、対話によるか圧力によるかは、議論がありますが。

皇室についても、「天皇制廃止」など、もはやよほどの変わり者しか主張していません。皇位の安定継承の方法については議論がありますが。

いずれも、日本人全体の重要な問題です。ＴＰＰ如きとは比較になりません。

もちろん方法論では大いに議論すべきです。だから、シンクをタンクしておかなければならないのです。

ここまで話を聞いて、自分の役割がどこにあると思われたでしょうか。

皆を率いる党首。正しい知見を示すブレーン。組織を支えるスタッフ。実際に選挙に出て政治家になろうとする候補者。そのどれが欠けても近代政党ではありません。いずれも特殊な能力が求められます。前近代の政党ならば、「政党は議員のオマケ」でしょうが、それではもはや日本は立ち行かないところに来ているのです。

そして何より、賢い有権者がいなければ、政党は成り立ちません。

強いリーダーは突然出てきたりはしません。

討幕維新を成し遂げたのは大久保利通です。では、大久保の名が日本中に知られるようになったのは、いつか。一八六二年です。生前の大久保は強いリーダーどころか専制政治の代名詞として糾弾されるほどになりましたが、本当の意味で大久保が誰にも気兼ねせずにやりたいことができたのは、暗殺されるまでの最後の半年だけです。そして、大久保が命を懸けて取り組んだのは、絶頂期のイギリスのような民主政治の実現です。日本人は紆余曲折を繰り返しながら今に至りますが、本家のイギリスも迷走しているようです。

一八四〇年にアヘン戦争が起きても、一八五三年にペリーが来ても、日本には強い政治家は登場しませんでした。しかし、大久保たち若者が本気で目覚めたら、あっという間に討幕維新が成し遂げられました。

元治元（一八六五）年、高杉晋作がたった一人で決起。翌年、西郷隆盛と木戸孝允が薩長同盟を締結。さらに翌年、大久保利通と岩倉具視が徳川慶喜に戦いを挑み、勝利しました。本当の意味で維新ができる、もはや徳川の時代ではないと日本中が確信したのは、慶応四（一八六八）年一月四日です。この年は明治と改元される年です。

世の中が変わる時は一瞬です。若者たちが奇跡を起こしました。そして彼らは何が正解かを知っていました。江戸の日本人はきちんと学問をしていたからです。一定層の目の肥えた国民がいたから、正論が通る世の中になったのです。

ならば、令和の日本人が真っ先にやることは一つ。何が正論かを知ることです。

現実の政治は絶望的です。ならば、自分が学問をすることです。そして自分が正しいことを知ったら、他人に伝えることです。そしてともに学ぶ仲間を増やすことです。そうした仲間が増えれば、近代政党の受け皿になるでしょう。

私は色々な仕事をしていますが、そのすべては近代政党の受け皿となる目の肥えた国民を増やすためです。

今、日本は危機にあります。まともな軍事力が奪われて七十年。自慢の経済も風前の灯火。人々の心は荒んでいます。そして、とうとう皇室にまで手をかけようとする邪《よこしま》な勢力がいる。

日本国を、皇室を守ろうとする国民の結集が、今こそ求められている時はありません。

すべての読者の方々に申し上げます。他人に自分の運命を預けるのではなく、自分の力で大切な人を守る気概を持ちましょう。そして学び、仲間を見つけましょう。

一人一人は微力かもしれない。しかし、微力は無力ではない。

今までの日本だって、国を想う人々が、知恵と勇気と行動力で守ってきたのですから。

おわりに――「くにまもり」とは何か

本書は、「日本を守りたい」と本気で想う人に向けて書きました。「日本なんか、ド～でもいい」と思っている人が読んでも、面白くも何ともない本でしょう。

今、多くの日本人が我慢していると思います。

働いても、働いても、暮らしは豊かにならない。少し稼いだら、すぐに税金で持っていかれる。その税金だって、どこに使われているか、よくわからない。

本書を一読された方はお気づきになるでしょう。日本人は我慢しているのではないのです。我慢させられているのです。

見た目は経済大国だけど、もう三十年も不況が続いています。まるで誰かに、「お前たちにはこれ以上の経済成長はさせてやらない。必要以上に豊かにさせてやらない」と強制されているように。「アベノミクスで景気回復！」と威張っても、緩やかな景気回復でしかありません。それどころか、デフレ脱却すら満足にいかないうちに、二度の消費増税です。これでは庶民に死ねと言わんばかりです。

安倍晋三首相の「デフレ脱却までは消費増税をしない」という公約は、何だったのか。

結局、安倍首相は負けたのです。日本を永遠に敗戦国のままにさせておきたい勢力に。

安倍首相は「一強」と言われて、史上最長政権になろうとしています。自民党にも、野党にも、官僚機構にも、敵がいないように言われています。では「一強」なのに、なぜ何一つまともな実績がないのでしょうか。それまでの他の政権よりマシ以外の。令和元年の参議院選挙では「民主党政権の悪夢に戻りたいのか」と国民を脅しつけました。もはや、それしか言うことがないのでしょう。誰だって、東日本大震災の悪夢は覚えています。しかし、そんなことしか言えないというのも、情けない話です。

これも本書の復習です。創価学会の利益代表の二階俊博幹事長、財務省の手先の麻生太郎財務大臣、そして内閣法制局に逆らえないからです。安倍内閣は、選挙を担う創価学会、予算と行政を差配する財務省、憲法や法律を司る法制局に逆らえません。しかし、彼らの既得権益を侵さないから、安倍内閣は長期政権にしてもらえたのです。そして、既得権益を握っている人たちとは、どんな人たちでしょう。日本が敗戦国のままでいることで、権力を握った人たちです。安倍首相も政権に返り咲いた最初の半年くらいは「戦後レジームからの脱却」などと威勢のいいことを言っていましたが、最近はそのことに触れられることすら嫌がっているようです。

確かに安倍「一強」です。安倍首相は、自民党総裁選と国政選挙は全戦全勝で、官庁には人事介入でやりたい放題です。一方で法制局と財務省と創価学会には、逆らえない。要するに、弱い者イジメをされている者が、もっと弱い者をイジメているだけなのです。

こんな情けない人しか、まともに総理大臣が務まる人がいない。

ほどほどの景気回復で我慢して、すこし余裕が出てきたら増税で巻き上げる。災害対策だけはやってやるから、我慢しろ。

政治とは、よりマシな選択の連続である。などと、リアリストを気取っていたツケです。じゃあ、どこまで我慢しなければならないのか。災害対策ができなくなると、次は「戦争で死なないだけマシ」で我慢しなければならないのか。その次は、「チベットみたいに、皆殺しにされないだけマシ」で我慢しなければならないのか。

国民が本気で声を上げないから、我慢させられるのです。日本を敗戦国のままでいさせたい勢力に。

敗戦以来、日本はアメリカの持ち物にされてきました。敗戦後の外交は、アメリカだけでなく、中国やロシアなどちょっかいを出して来る外国に気を遣うことです。日米安保条約があるから、外国の軍隊が直接に侵略されないで済んでいます。でも本気で自分の国を自分で守る気はありません。アメリカに何か言われた時だけ、申し訳程度の防衛努力をするだけです。外国に毅然とした態度を取ると、波風が立つので都合が悪いからです。

当然でしょう。たかが消費増税も止められない日本の政治家が、外国に対してモノを言えるはずがないのです。

日本人は、いつまで我慢しなければならないのか。

絶望的なことを言います。永遠に、でしょう。少なくとも私が生きている間に、日本が敗戦国でなくなるなんて夢物語は起きないでしょう。現状の日本を見て、リアリストを気取っている限り、そういう結論以外は出てきません。

しかし、本書は現実を描いた本であって、現状を嘆いたり、空想に逃げ込んだりした本ではありません。愚者は経験に学び、賢者は歴史に学ぶ。特に、自分の国の歴史に学ぶ。

西暦一八三八年、天保九年の日本を思い浮かべてください。

もはや、五十年に及ぶ文化文政時代の経済的繁栄に、大きな陰りが見えていました。天保の大飢饉と度重なる災害で、餓死者は続出しています。前年には大塩平八郎の乱が勃発しています。国際情勢も緊迫し、アヘン戦争直前です。長すぎる大御所時代に人心はとっくに倦んでいますが、期待できる政治家など一人もいません。当時の要人です。

大御所　徳川家斉（十一代将軍）
将軍　徳川家慶（十二代将軍）
大老　井伊直亮
老中　水野忠邦
　　　松平乗寛
　　　太田資始
　　　脇坂安董

将軍としてのみ名を残す家斉と家慶、それに水野忠邦以外は誰も知らないでしょう。その水野忠邦だって、直後の天保の改革で大失敗しています。

日本には奇跡が起きて、三十年後に、明治維新を成し遂げます。ここに名をあげた人たちは、誰一人として明治維新に関係ありません。

しかし、日本は救われました。心ある人たちが現れたからです。

天保九年、緒方洪庵先生が適塾を開きました。適塾の意味は、本書をお読みいただいた方には、お判りでしょう。

日本人には、誇るべき歴史があります。現状に絶望した時、政治や経済に何の希望も持てない時代に、学問と教育で国を救った歴史があるのです。

私は倉山塾という塾を開いています。緒方洪庵先生には遠く及びませんが、その志を継ごうと思っています。

今や、「保守」という言葉は手垢がつきすぎてしまいました。この言葉自体を嫌う人も多いでしょう。しかし、国を想う人々の心に変わりはありません。私は、その心を「くにまもり」と呼んでいます。

日本人の中に「くにまもり」の心が残る限り、日本は何度でも立ち直れるのだと信じて筆をおきます。

令和元年

倉山　満

追記

本書執筆中に身辺に重大事があり、多くの人の助けを借りた。倉山工房の細野千春さん、八尋滋さん、米内和希さんには裏方として支えていただいた。

長いお付き合いになる、扶桑社の渡部超さんには局長の重職にあるにもかかわらず取材時からお付き合いいいただき、『週刊ＳＰＡ！』編集長で前担当の犬飼孝司さんにもお手伝いいただいた。

危機の仲間こそ、真の友。

皆のありがたさに感謝の意を示したい。

倉山 満（くらやま みつる）

1973年、香川県生まれ。憲政史研究者。1996年、中央大学文学部史学科を卒業後、同大学院博士前期課程修了。在学中より国士舘大学日本政教研究所非常勤研究員として、2015年まで同大学で日本国憲法を教える。

2012年、希望日本研究所所長を務める。

同年、コンテンツ配信サービス「倉山塾」を開講、翌年には「チャンネルくらら」を開局し、大日本帝国憲法や日本近現代史、政治外交について積極的に言論活動を展開している。

主著に、ベストセラーになった「嘘だらけシリーズ」七部作の『嘘だらけの日米近現代史』『嘘だらけの日中近現代史』『嘘だらけの日韓近現代史』『嘘だらけの日露近現代史』『嘘だらけの日英近現代史』『嘘だらけの日仏近現代史』『嘘だらけの日独近現代史』、『保守の心得』『帝国憲法の真実』『日本一やさしい天皇の講座』（すべて小社）、『世界一わかりやすい日本憲政史 明治自由民権激闘編』（徳間書店）など多数。

扶桑社新書 311

13歳からの「くにまもり」

発行日 2019年10月1日　初版第1刷発行
2020年2月20日　第4刷発行

著　　者………倉山 満
発 行 者………久保田 榮一
発 行 所………株式会社 扶桑社
〒105-8070
東京都港区芝浦1-1-1 浜松町ビルディング
電話 03-6368-8875（編集）
03-6368-8891（郵便室）
www.fusosha.co.jp

DTP制作………Office SASAI
印刷・製本………株式会社 廣済堂

Printed in Japan　ISBN 978-4-594-08289-5